제로금리
시대가 온다

제로금리 시대가 온다

누구에게는 위기,

누구에게는 기회가 온다

김지만 지음

한스미디어

알면 대응할 수 있다

필자는 금융권에서 회사 생활을 시작해 10년 넘게 리서치 업무를 했다. 주로 채권 애널리스트로 경력을 쌓았지만 관심의 폭은 넓은 편이었다. 여러 나라의 경제 상황이나 다양한 자산에 대해 관심을 유지해온 것은 첫 직장에서의 경험 때문이지 않았나 싶다. 규모가 크지 않았던 첫 직장에서는 조직의 변화도 많았을 뿐만 아니라 의욕적인 팀장으로 인해 환율과 원자재, 국채선물 등 다양한 분야에 대해 리서치 업무를 경험할 수 있었다.

필자는 투자에도 관심이 많다. 대학 시절부터 다양한 분야에 투자해본 경험이 있다. 선물시장에서 시장 조성자 역할을 했던 경험은 비록 길지 않은 기간이었지만 금융상품 가격의 형성과 변화에 대해 더욱 치열하게 고민하는 계기가 되었다. 이런 경험이 증권사에서 주로 채권 애널리스트로 일하면서 남들과는 조금은 다른 관점으로 금융시장을 바라볼 수 있게 된 배경이 되지 않았을까 한다.

누군가 이 책의 머리말을 읽고 있다면 어떤 이유 때문일까?

(1) 금리 자체에 대해 관심이 있는 경우
(2) 제로금리 시대라는 현상에 대해 궁금한 경우
(3) 초저금리라는 상황에서 어떤 대응을 해야 하는지 투자에 대한
아이디어를 얻고자 하는 경우

위와 같은 주제에 대해 관심을 갖고 책을 펼쳤다면 다행이다. 필자는 바로 이런 부분에 답을 하겠다는 생각으로 책을 써 내려갔다.

이 책을 통해 필자가 담고자 한 내용을 파트별로 설명하면 다음과 같다.

Part 1. 제로금리 시대가 온다

저금리를 바라보는 관점은 크게 둘로 나뉜다. 일시적 또는 한시적인 현상이라고 보는 입장이 있는가 하면 반대편에는 저금리가 어쩔 수 없는 변화이며, 과거에 본 1970~1980년의 고금리가 오히려 이례적인 현상이라는 관점이다. 이 두 의견 중에서 어느 쪽이 옳다고 생각하는가? 필자가 생각하는 바를 강요할 생각은 없다. 최근의 현상이 아니라 좀 더 넓고 길게 바라보면 나름의 답을 찾을 수 있다고 생각한다.

Part 2. 제로금리를 먼저 경험한 나라들 _____

일본은 가장 먼저 제로금리정책을 사용한 국가이다. 또 제로금리 탈피 시도를 여러 번 했음에도 번번이 실패했고, 지금은 마이너스 금리정책과 양적완화를 통한 자산 매입을 이어가고 있다. 출구전략에 나서기까지 여전히 많은 시간이 걸릴 것으로 보인다. 시점상의 차이는 있지만 유럽도 가장 완화적인 통화정책을 장기간 이어가고 있는 지역이다. 미국은 제로금리 탈출에 성공했었지만 최근 다시 제로금리로 돌아갔다.

제로금리를 이미 경험한 나라들은 어떤 배경에서 그렇게 되었는지, 제로금리정책 이후에는 어떤 행보를 보였고 어떤 상황인지 여러 국가의 사례를 들여다보았다.

Part 3. 제로금리 시대에 우리에게 생기는 일들 _____

어느 정도 예상할 수 있는 부분은 받아들이기도 편하다. 제로금리 시대는 어떤 변화를 예상할 수 있을까? 우리가 접하는 금리는 어떻게 될까? 실물화폐에는 어떤 일이 일어날까? 부동산이나 환율은? 이러한 주제를 포함해 제로금리 시대에 우리가 마주하게 될 현상에 대해 다루어보았다.

Part 4. 제로금리 시대, 이렇게 투자해라

앞선 주제들은 주로 제로금리 시대에 대한 이해를 넓히기 위한 목적으로 쓰였다. 금융시장을 이해하려는 이유가 뭘까? 궁극적으로는 잘살기 위해서가 아닐까 한다. 그렇다면 결국 투자에 대한 이야기가 빠질 수 없다.

투자라는 것은 누구에게나 필요하고 관심이 많은 주제이다. 필자역시 투자에 관심이 많다. 투자는 잘 사용하면 유용한 도구라 할 수 있지만 잘못된 방법으로 사용하면 위험하다. '안전자산'이라고 하더라도 위험하게 접근하면 얼마든지 위험해진다. 그러므로 무턱대고 누구에게나 투자에 나서라고 추천할 수는 없다. 투자에 나서기 전에 현재의 상황에 대해 고민해보고 투자에서의 원칙, 기본적인 자산의 속성들을 이해하는 것이 필수적이라고 생각한다. 이런 관점에서 마지막 파트를 구성했다. 투자에 처음 임하는 사람이라고 하더라도 필자가 중요하다고 생각하는 내용을 받아들이기 어렵지 않게 다루고자 했다.

부디 이 책을 통해 금리에 대한 이해를 넓힐 수 있는 계기가 되었으면 한다. 향후 투사에 있어서도 유용한 아이디어들을 찾아낼 수 있다면 더할 나위가 없을 것 같다.

차례

PART 2
제로금리를 먼저 경험한 나라들

PART 3
제로금리 시대에 우리에게 생기는 일들

PART 4
제로금리 시대, 이렇게 투자해라

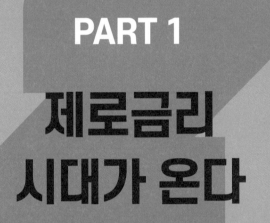

PART 1

제로금리
시대가 온다

제로금리 시대,
아직 가보지 못한 길

금융시장은 상당한 불확실성에 직면해 있다. 2019년 하반기부터 상승세를 전개했던 국내외 증시가 큰 폭의 조정을 보이면서 금융위기를 연상케 하는 높은 변동성을 보이고 있다. 환율은 연초 달러당 1,150원 수준까지 하락했으나 2020년 3월에 들어서는 1,200원대 후반까지 오르기도 했다. 원자재 시장도 혼란스럽다. 국제유가는 수요 약화 우려와 OPEC+(주요 산유국 연합체)의 원유 감산 합의 실패로 지난 연말의 절반 이하의 가격에 거래 중이다. 채권시장은 안전자산 선호로 강세를 나타내기도 했지만 금리가 급등락하며 높은 변동성을 나타내고 있다.

코로나19 사태가 세계로 확산되고 있다. 중국을 중심으로 아시아에서 확산되다가 유럽에서 빠르게 번지더니 미국도 확진자와 사망자 수가 증가하면서 국가 비상사태까지 선포했다.

미국 연준은 두 번의 긴급회의를 통해 기준금리를 150bp(50bp+100bp) 낮추더니 제로금리로 복귀해버렸다. 7,000억 달러 규모의 양적완화를 발표하고 그 밖의 다른 여러 정책을 고심하고 있다. 그만큼 상황을 긴박하게 인식하고 있다는 증거라 할 수 있다. 2019년 미국은 세 차례의 기준금리 인하를 단행한 후 더 이상의 기준금리 인하는 없을 것이라는 신호를 보냈지만, 미국이 다시 제로금리로 돌아감에 따라 지금은 다시 많은 국가들이 금리 인하 행렬에 동참하고 있다.

실물경기에 대한 우려가 크다. 현재 한국의 상황을 보더라도 사람들이 여행은 물론 외출을 자제하고, 학교에서는 입학식과 개강이 늦춰지고 있다. 바이러스 확진자가 있던 사업장은 폐쇄시키고 재택근무를 시행하는 곳도 있다. 사람들이 집 안에만 머물면서 전체적으로 소비 둔화는 불가피하다. 생산 측면의 고민도 깊다. 자유무역을 기반으로 복잡하게 얽혀 있는 세계 경제는 연쇄적인 타격이 불가피하다.

한국의 경제성장률 전망치는 큰 폭으로 낮아지고 있다. 무디스, S&P, 피치 등 국제 신용평가사는 물론 다양한 기관들이 한국의 경제성장률 전망치를 1%대로 낮추더니 이제는 누가 서로 낮은 숫자를 제시하는지 경쟁하는 듯하다. 0%대 성장 전망은 물론 큰 폭의 마이너스 성장률을 예상하는 기관들도 제법 많아졌다.

단기적인 소비 위축은 상황이 바뀌면 회복도 빨라질 수 있다. 우리가 주목해서 봐야 하는 것은 코로나 바이러스가 아니다. 코로나 이슈로 인한 영향을 소개하면서 시작했지만 이 책은 코로나19 사태와는 사실 별로 관련이 없다. 이 글은 본래 우리나라도 제로금리 시대로 접어들고 있다는 판단에서 시작된 것이다. 제로금리는 시기상의 문제만 있을 뿐이라고 보았던 것이다.

이 책은 제로금리에 관한 것이다. 금융권 종사자라면 이미 많은 고민을 했을 주제이다. 금융에 대해 아직 관심이 적었더라도 제로금리 시대가 주는 의미는 어느 정도 알고 있을 것이라 생각한다. 우리의 금리 수준이 점차 낮아지는 상황이었기 때문에 변화에 대해 어느 정도의 체감은 하고 있었을 것이다.

앞으로 펼쳐질 미래는 어떤 모습일까? 너무 비관적일 필요는 없다. 미국의 지난 금융위기 이후 시기를 되돌아보자. 미국의 경제회복에 대해 비관론이 팽배했고, 기업들은 고용을 늘리는 데 소극적이었다. 하나의 불확실성이 사라지면 또 다른 불확실성이 새롭게 등장하곤 했다. 일본의 원전사고, 미국의 신용등급 강등, 유럽의 재정위기, 영국의 브렉시트와 같은 사건들은 이전에는 겪어보지 못했던 일들이다. 국내에서도 크고 작은 정치·경제적 사건이 끊이지 않았다.

앞으로가 불확실해 보이지만 지난 10년간도 불확실하기는 매한가지였다는 점을 얘기하고 싶다. 그렇다면 기회가 없었을까? 그렇지는 않았다. 10년 전으로 돌아가 무언가에 투자할 수 있다면 어떤 선택을 했을까? 각자가 떠올리는 무언가가 있을 것이다. 우리가 알고 있듯이 기회는 계속 있었다.

앞으로는 어떤 선택이 필요할까? 불확실하기 때문에 아무것도 안

할 수는 없다. 정도의 차이만 있었을 뿐이지, 불확실하지 않은 시절이 과연 있었을까? 상황은 계속 변하더라도 기본적인 원칙들은 앞으로도 유효할 것이다.

우리의 금리가 어떤 변화로 현재에 이르렀는지, 왜 유의미한 반전은 없을 것으로 보는지에 대한 의견을 담았다. 저금리 시대에는 어떤 일들이 벌어지는지, 투자에 있어서는 어떤 관점을 가져야 하는지 살펴보겠다.

금리는 어떻게 움직여왔을까?

금리에 대해서는 각자 여러 가지 생각이 있을 것이다. 이 책이 주제로 삼고 있는 제로금리 시대에 대해서도 저마다 의견이 다양할 것이다. 한편에서는 금리가 계속해서 하락하고 있다는 것은 누구나 다 아는 사실이 아니냐고 할 수 있을 것이고, 다른 한편에서는 금리가 계속 하락만 할 것이라고 섣부르게 예상해서는 예상치 못한 금리 상승에 크게 당할 수 있다는 우려를 얘기하는 사람도 있을 것이다.

그동안의 금리 변화를 살펴보면 하락하기도 상승하기도 했다. 필자가 금융권에서 일하면서 인상 깊게 남아 있는 한마디는 "요즘 세대는 금리 상승을 경험해보지 못했다"는 말이다. 언젠가 해외 언론에서 월스트리트의 채권 트레이더 대다수가 금리 상승을 경험해보지 못했다는 것을 기사로 다룬 적이 있다. 대체로 이런 얘기들이 틀린 말은 아니다.

금리가 오르는 현상을 제대로 경험해본 사람이 얼마나 있을까? 한국도 마찬가지이지만 전 세계적으로 금리는 1970~1980년을 정점으로 꾸준히 하락해왔다. 그 과정에서는 중앙은행이 기준금리를 인상하는 행보를 보이기도 했지만 긴 추세에서 보면 줄곧 하락세였다. 금리는 왜 이런 추세로 이어져왔고 앞으로 어떤 움직임을 보일지, 현재 추세대로 저금리가 더 진행되면 어떤 상황이 펼쳐지게 될지, 이러한 주제에 대해 금리의 변화를 탐구하고 예상하는 직업을 가진 필자가 어떤 생각을 갖고 있는지 설명하고자 한다. 여러분은 이 책을 통해 기존에 갖고 있는 선입견을 유지하거나 강화할 만한 근거 또는 그러한 선입견에서 벗어날 만한 근거를 나름대로 찾을 수 있는 기회를 얻을 수 있었으면 좋겠다.

'뮤티드(Muted)' 이코노미, 금리를 낮춘다 ──────────

1970년 또는 1980년을 정점으로 글로벌 금리는 하락해왔다. 금리는 일방적인 하락기만 있었던 것은 아니다. 하지만 금리 인상기와 인하기가 반복되는 과정에서 발견할 수 있는 중요한 특징은 이전 금리의 고점만큼 다시 오르기는 매우 어려웠다는 것이다.

금리 하락은 우리에게 익숙하다. 한국 금리의 긴 역사를 파악하기 위해서는 예금금리를 기준으로 설명하는 것이 가장 용이한데,

1970년을 고점으로 그 이전은 금리가 상승하는 국면이었고 그 이후는 줄곧 하락세였다. 저금리 기조는 단지 한국에만 국한된 상황이 아니다. 이미 많은 국가의 기준금리는 0%대 초반이거나 마이너스인 국가도 많다. 국가 간 자본의 이동이 매우 자유로워진 상황에서 한국의 금리만 차별화되어 높은 수준을 유지하기는 어려울 것이다.

글로벌 저금리 현상 외에도 한국이 기준금리를 인상해야 할 이유를 찾는 것도 쉽지 않다. 한국의 인구구조는 유래 없이 빠른 속도로 변화하고 있다. 사람의 평균수명은 길어지고 있는 반면 가임여성 1인이 평생 낳을 것으로 예상되는 평균 출생아 수를 의미하는 합계출산율은 1명 이하로 하락했다. 우리나라 인구의 자연증가율은 2020년부터 연간으로 마이너스를 기록할 가능성이 높다. 자연증가율이 마이너스(-)라는 의미는 태어나는 출생아 수보다 사망자 수가 더 많다는 의미다. 통계청에서는 한국의 인구가 정점을 기록하는 시점을 2028년으로 전망하고 있는데, 이는 자연증가 수 외에 해외 유입 인구를 고려했기 때문이다. 해외에서 유입되는 인구가 더 이상 없다면 인구가 감소하는 시점에 이미 도달한 것이다.

우리나라 15~64세의 생산가능인구는 지난 2017년 3,757만 명으로 정점을 기록한 이후 감소하고 있다. 그동안 생산가능인구가 감소하는 폭이 크지 않았지만, 1955년과 1963년 사이에 태어난 베이비붐 세대가 65세 이상 고령층으로 진입하게 되는 2020년대에는 생산가능인구가 연평균 33만 명씩 감소하게 되며, 2030년대에는 감소 폭이 더 커져서 연평균 52만 명씩 줄어들게 된다. 생산가능인구의 감소는

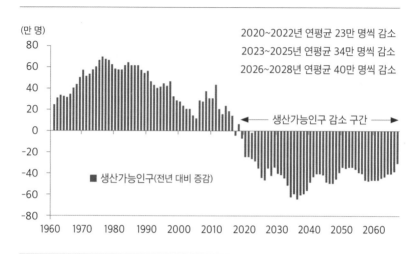

그림 1-1 생산가능인구의 변화

(만 명)

2020~2022년 연평균 23만 명씩 감소
2023~2025년 연평균 34만 명씩 감소
2026~2028년 연평균 40만 명씩 감소

← 생산가능인구 감소 구간 →

■ 생산가능인구(전년 대비 증감)

자료: 통계청

경제 전체의 성장률 하락을 의미한다. 경제 성장률이 둔화되기 시작하면 국민소득의 총량이 감소하고, 소비의 총량도 줄어든다. 이런 경로가 순환하면서 성장률 하락이 이어지게 된다.

소비의 감소는 경제 전반의 인플레이션(물가) 압력도 낮추게 된다. 이미 한국의 소비자물가 상승률은 추세적으로 하락하고 있다. 교육과 의료 등 정부의 복지 정책으로 인해 소비자물가 상승률이 낮아진 측면도 있지만 소비자물가 상승률 외에도 기대인플레이션이나 근원인플레이션도 하락세를 보이고 있다. 이는 최근의 물가 하락이 단지 복지 정책 때문만이 아님을 보여준다.

금리는 성장과 물가의 함수이다. 금리가 높은 상황으로 다시 전환되려면 성장률이 개선되고 물가 압력도 높아야 한다. 이러한 여건이

그림 1-2 한국 경제성장률 추이

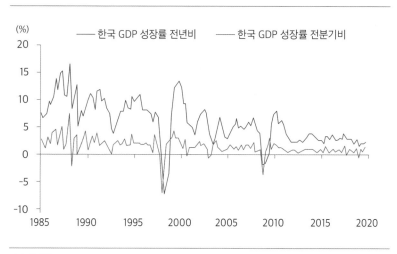

자료: 통계청

그림 1-3 한국 소비자물가 상승률 추이

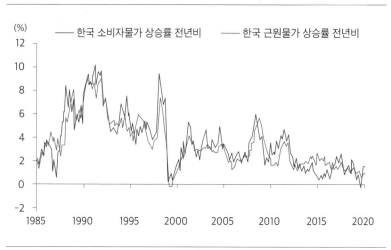

자료: 통계청

크게 달라질 것으로 보이지 않는다. 이미 많은 국가가 경험한 것이고 한국도 그 흐름에서 차별화되기는 어려울 것으로 예상된다.

줄곧 하락해온 금리

금리는 상황에 따라 오르고 내린다. 긴 추세에서는 어땠을까? 지난 10년간의 금리 추이를 살펴보면, 한국의 기준금리는 2010년 초 2%에서 2020년 3월 현재 0.75%까지 하락했다. 물론 계속해서 금리가 낮아지기만 한 것은 아니다. 중간 과정에서 금리 인상기가 있었지만 이런 부분을 생략하고 처음과 끝을 따져보면 1.25%p 낮아진 것이다.

동일한 기간 채권 금리를 살펴보더라도 다르지 않다. 3년물 국채 금리는 4.44%에서 1.10%로 334bp 낮아졌고, 10년물 국채 금리는 5.43%에서 1.56%로 387bp 낮아졌다. 이 역시 중간 과정에서 등락은 빈번하게 있었지만 기간의 처음과 끝을 비교하면 큰 폭으로 하락했음을 알 수 있다.

지난 20년 정도로 더 길게 살펴봐도 마찬가지다. 20년간 기준금리는 4.75%에서 0.75%로 400bp 낮아졌다. 국고채 3년물은 9.04%에서 1.10%로 794bp 낮아졌다. 국고채 10년물의 경우는 2000년 10월 8.33%로 첫 거래를 시작했고 현재 1.56%이므로 20년간 677bp 낮아졌다고 할 수 있다. 즉 연평균으로 살펴보면 10년간 매년 기준금리는 12.2bp, 국고 3년물은 32.6bp, 국고 10년물은 37.7bp씩 하락했

표 1-1 기준금리 및 채권 금리의 변화

	2000년 초	2010년 초	2020년 현재	2010년~현재		2000년~현재	
				기간 내 변화	연평균	기간 내 변화	연평균
기준금리	4.75%	2.00%	0.75%	-125.0bp	-12.2bp	-400.0bp	-19.8bp
국고 3년	9.04%	4.44%	1.10%	-334.2bp	-32.6bp	-794.2bp	-39.2bp
국고 10년	8.33% (최초 거래)	5.43%	1.56%	-386.8bp	-37.7bp	-676.8bp	-33.4bp

주 1. 2020년 현재는 3월 30일 기준
주 2. 국고채 10년물은 2000년 10월 23일 입찰에서 8.35%에 낙찰되고 2000년 8월 25일 8.33%로 첫 거래가 시작
　　되었음.
자료: 한국은행, 금융투자협회

고 20년간은 기준금리 19.8bp, 국고 3년물은 39.2bp, 국고 10년물은 33.4bp씩 하락했다는 것을 알 수 있다.

여기서 다시 얘기하고 싶은 것은 금리가 추세적으로 하락해왔다는 것이다. 10년 단위로 끊어서 끝 시점이 시작 시점보다 낮았다는 이유로 금리가 추세적으로 하락했다고 설명하는 것에는 비약이 있다고 생각할지 모르겠다. 물론 금리 인하기만 계속된 것은 아니며 금리 인상기 또한 있었다. 그런데 긴 추세에서 살펴보면 기준금리를 인상하더라도 금리의 이전 고점 수준을 넘는 것은 흔한 일이 아니었다.

2000년대를 금리 상승기와 하락기로 구분해서 보면 우리나라는 2004년까지 금리 하락 기조가 이어졌고, 그 후 미국이 금융위기에 직면해 제로금리를 선언하기 전까지 금리 상승기였다. 한국은행은 2008년 8월 기준금리가 5.25%에 이르기까지는 인상했지만, 이후 금융위기의 영향으로 2008년 10월부터 2009년 2월까지 빠르게 금리

인하를 단행해 한국의 기준금리는 2%로 낮아진다. 불과 4개월 정도의 기간에 3.25%p나 기준금리가 인하된 것이다. 이는 미국이 경기침체에 대응해 제로금리정책을 도입하고 주요국들 역시 큰 폭의 금리 인하에 동참하던 상황이었기 때문에 가능한 일이었다.

이후 2010년부터 한국은행은 다시 기준금리 인상에 나서게 된다. 2009년에는 한국의 경제성장률이 0.8%를 기록했지만, 이듬해인 2010년에는 경제성장률이 크게 반등하고 글로벌 저금리정책과 양적완화로 시중에 풀린 유동성은 원자재 가격을 상승시켜 물가 상승으로 이어졌다. 당시의 높은 물가 상승률은 지속 기간이 길지는 않았지만 한국에만 국한된 현상이 아니었으며, 많은 국가가 비슷한 현

그림 1-4 한국의 기준금리, 국고 3년물 금리, 국고 10년물 금리

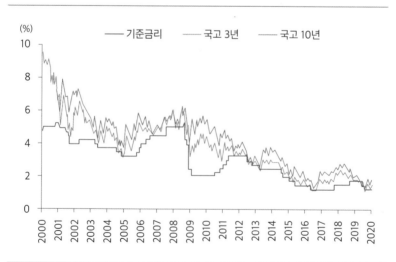

자료: 한국은행, 금융투자협회

상을 겪었다. 이에 따라 2010년부터 2011년에 걸친 시기 기준금리 인상에 나선 국가가 많았다. 한국의 기준금리는 2010년 7월 2%에서 2.25%로의 25bp 인상을 시작으로 2011년 6월 3.25%까지 인상되었다. 2010년대 한국의 기준금리가 가장 높았던 시점도 바로 이때이다.

2012년부터 한국은행은 다시 기준금리를 인하할 수밖에 없었다. 2012년 7월 3%로의 기준금리 인하를 시작으로 2016년 6월 1.25%에 이르기까지 약 4년간 금리 인하 기조가 이어졌다. 이 과정에서 추가 기준금리 인하가 어려울 것이란 평가는 계속 있었고, 매년 금리 인하 여부에 대한 논쟁이 분분했던 것으로 기억한다. 그럼에도 기준금리 인하는 계속 이어졌다.

2012년의 기준금리 인하는 국내 요인보다는 해외 불확실성에 대한 대응 목적이 컸다. 당시 유럽은 PIIGS(포르투갈, 아일랜드, 이탈리아, 그리스, 스페인) 국가들의 재정 리스크가 크게 부각되던 시기였다. 미국에서는 금융위기 이후 경기가 다시 한 번 침체에 빠지는 더블딥 우려가 높았다. 신흥국에서는 금리 인하가 본격화되고 있었다. 이러한 배경에서 한국도 금리 인하에 동참하게 된 것이다.

2013년의 기준금리 인하는 경기회복이 더딜 것으로 예상되고 정부가 경기부진과 세수 결손에 대응한 추가경정 예산을 편성함에 따라 정책적인 효과를 높인다는 논리로 단행되었다.

2014년의 기준금리 인하도 경기 부진이 이유였다. 2012년부터 2014년까지는 일본 아베 정권의 강력한 경기 부양책으로 엔화가 매년 10% 이상 절하되고 있었고(엔화는 달러에 대해 2012년 12%, 2013년

21%, 2014년 14% 절하) 한국과 일본이 경합하는 업종을 중심으로 한국의 수출 부진에 대한 우려가 높았던 시기다. 이웃 나라의 강도 높은 통화 절하에 대응해 한국에서도 저금리정책을 강화해야 한다는 논리가 힘을 얻었다.

2015년과 2016년 역시 대외 불확실성이 이어지는 시기였는데, 특히 저물가에 대한 우려로 유럽에서는 양적완화 정책을 도입하고 일본에서는 마이너스 금리를 도입하는 등 글로벌 통화정책 완화 상황에서 한국도 금리 인하를 이어가는 형편이었다. 한국의 소비자물가 상승률은 2013년부터 이미 1% 중반에도 못 미치는 상황이었고 2015년과 2016년에는 1% 이하로 진입했다.

이후 2017년과 2018년 미국의 기준금리 인상이 본격화됨에 따라 한국에서도 기준금리 인상이 단행되었는데 그 폭은 25bp씩 두 차례로 총 50bp에 불과했다. 2019년에는 디플레이션 우려와 성장세 약화를 이유로 2017년과 2018년에 걸친 기준금리 인상을 되돌리는 금리 인하 결정이 나왔다. 2020년에 들어서는 코로나19 확산에 따른 경기 우려로 0%대의 기준금리 상황에 진입하게 되었다(2020년 3월 현재 기준금리 0.75%).

그동안의 기준금리 고점들을 살펴보면 2000년의 고점은 5.25%, 2008년 5.25%, 2011년 3.25%, 2018년 1.75%로 전고점을 넘어선 사례가 없다. 그나마 2008년 금리 인상에서는 이전 고점인 5.25%로 동일했지만 5.25%로 유지된 기간은 2개월 정도로 매우 짧았다. 당시 미국은 2006년 6월 5.25%까지 기준금리를 인상한 이후 2007년 9월부터 이미 기준금리 인하 기조로 돌아선 상황이었다.

기준금리가 이전의 고점보다 낮아지는 것은 한국에서만 발견할 수 있는 현상이 아니다. 미국의 기준금리 고점도 대체로 낮아지는 모습이었다. 2000년 초 미국의 기준금리는 6.5%였고 금융위기 발생전 도달한 기준금리 고점은 그보다 낮은 5.25%였다. 미국은 금융위기 이후 다시 금리 인상에 나섰고, 2018년에는 기준금리를 2.5%(금융위기 이후에는 범위로 제시되었기 때문에 보다 정확히는 2.25~2.5%)까지 인상했다. 이후 미국은 2019년과 2020년에 걸쳐 다시 제로금리로 복귀했다. 2019년 연준은 미-중 무역갈등이 심화되고 글로벌 성장둔화 우려가 지속되는 과정에서 금리인하(25bp 씩 세 차례)를 단행했다.

그림 1-5 한국과 미국의 기준금리 추이

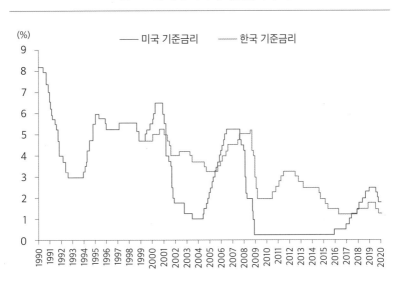

자료: 한국은행, 금융투자협회

2020년 기준금리 인하는 코로나 쇼크에 대한 대응이 이유였다. 이렇듯 금리의 큰 추세는 하락이었다는 점, 기준금리가 인상되더라도 지난 고점을 넘어서는 수준까지의 인상은 쉽게 관측하기 어려웠다는 점을 확인할 수 있다.

금리의 보다 긴 역사

앞서 2000년대 이후의 금리를 얘기하면서 주로 기준금리나 국고채 금리를 설명했다. 한국 금리에 대해 좀 더 긴 역사를 얘기할 때는 조금 다른 기준을 사용해야 한다. 기준금리나 국채 금리보다는 콜금리나 예금금리, 대출금리, 회사채 금리를 살펴야 한다. 한국은행이 콜금리를 기준금리로 도입한 시점은 1999년 5월이었고, 한국에서 국채 시장이 체계화된 시점 역시 1990년대 후반 아시아 금융위기 이후였기 때문이다.

한국의 금리가 역사적으로 가장 높았을 때는 언제였을까? 가장 긴 기간을 들여다볼 수 있는 예금금리를 기준으로 볼 때 한국의 금리가 가장 높았던 시점은 1969~1970년이었다. 1년 이상의 정기예금 금리가 22.8%나 했던 시기였다. 이후로는 계속해서 금리 수준이 낮아져왔다. 오히려 1945년 해방부터 1950년에 이르기까지 예금금리는 3%대에 불과했다. 정말로 그렇게 금리가 낮았는지에 대한 궁금증은 남는다. 그 시대를 직접 경험해보지 못했고 당시의 금리 상황에 대해 증언을 듣기도 어렵기 때문에 한국은행이 제공하는 데이터를 믿을

한국은행의 기준금리(base rate)

한국은행은 1999년 5월, 1일물 콜금리를 기준금리로 도입했다. 일시적으로 자금이 부족한 금융기관이 다른 기관에 빌려달라고 요청하는 것이 콜(call)이고, 금융기관 간에 넘치거나 부족한 자금을 거래하는 시장을 콜시장이라고 한다. 잉여자금이 있는 금융기관이 콜론(call loan)을 내놓고 자금이 부족한 금융기관이 콜머니(call money)를 빌리게 되는데, 이때 형성되는 금리가 콜금리다.

한국은행은 2008년 3월부터는 RP 7일물 금리를 목표금리로 변경해 기준금리로 사용하기 시작했다. 환매조건부채권(RP: Repurchase Agreements)은 일정 기간이 지난 후, 금융기관이 확정 금리를 주고 다시 매입하는 조건으로 발행하는 채권을 의미하는데, 주로 중앙은행과 시중은행 사이의 유동성을 조절하는 수단으로 활용된다.

기준금리는 초단기 금리인 콜금리에 즉시 영향을 미치고, 장단기 시장금리, 예금금리 및 대출금리 등의 변동으로 이어져 궁극적으로는 실물경제 활동에까지 영향을 미친다. 한국은행 금융통화위원회(금통위)는 물가 동향, 경제 상황, 금융시장 여건을 고려하여 연 8회 기준금리를 결정하고 있다. (본래는 매달 결정하는 방식이었지만 2017년부터 연 8회로 줄였다.) 미국은 본래 연 8회 FOMC 회의를 통해 기준금리를 결정하고 있었고 유럽중앙은행(ECB)은 2015년부터, 일본은행은 2016년부터 연 통화정책회의를 8회로 줄였는데 한국은행도 주요국 중앙은행의 이러한 행보에 동참한 것이다.

자료: 한국은행

수밖에는 없다. 데이터에 근거해서 알 수 있는 사실은 해방 이후부터 1970년에 이르기까지 금리는 전반적으로 상승기였고, 그 이후 지금까지는 하락세를 이어오고 있다는 점이다.

이 부분에서 독자들은 다음과 같은 의문을 품을지도 모르겠다. '지금까지 우리는 주로 저금리 기조를 경험했지만 일정한 조건에 따라서는 1970년대 이전의 상황처럼 추세적인 금리 상승이 가능할 수

표 1-2 해방 이후 한국 금리의 역사

(단위: %)

	예금금리	대출금리	콜금리	회사채		예금금리	대출금리	콜금리	회사채	기준금리
1945	3.4				1983	8	10	13	14.2	
1946	3.2				1984	10	10.0~11.5	11.39	14.1	
1947	3.2				1985	10	10.0~11.5	9.35	14.2	
1948	3.2				1986	10	10.0~11.5	9.7	12.8	
1949	3.5				1987	10	10.0~11.5	8.93	12.62	
1950	3.8	14.6			1988	10	11.0~13.0	9.62	14.18	
1951	4.8	18.3			1989	10	10.0~12.5	13.28	15.17	
1952	4.8	18.3			1990	10	10.0~12.5	14.03	16.48	
1953	4.8	18.3			1991	10	10.0~12.5	16.63	18.89	
1954	12	18.3			1992	10	10.0~12.5	14.26	16.21	
1955	12	18.3			1993	8.5	8.5~12.0	11.98	12.63	
1956	12	18.3			1994	8.5~10.0	8.5~12.5	12.28	12.92	
1957	12	18.3			1995	7.5~10.0	9.0~12.5	12.38	13.79	
1958	12	18.3			1996	10.79	11.21	12.35	11.87	
1959	10	17.5			1997	11.32	11.83	13.32	13.39	
1960	10	17.5			1998	13.3	15.18	15.07	15.1	
1961	15	17.5			1999	6.9	9.4	4.93	8.86	4.75
1962	15	15.7			2000	7.01	8.55	5.05	9.35	5.25
1963	15	15.7			2001	5.43	7.7	4.65	7.05	4
1964	15	16			2002	4.73	6.7	4.18	6.56	4.25
1965	26.4	23			2003	4.15	6.24	3.97	5.43	3.75
1966	26.4	26			2004	3.75	5.9	3.63	4.73	3.25
1967	26.4	26			2005	3.62	5.59	3.41	4.68	3.75
1968	25.2	25.2			2006	4.41	5.99	4.3	5.17	4.5
1969	22.8	24			2007	5.07	6.55	4.86	5.7	5
1970	22.8	24			2008	5.71	7.17	5.05	7.02	2.5
1971	20.4	22			2009	3.26	5.65	2.42	5.81	2
1972	12	15.5			2010	3.19	5.51	2.43	4.66	2.5
1973	12	15.5			2011	3.69	5.76	3.23	4.41	3.25
1974	15	15.5			2012	3.43	5.4	3.18	3.77	2.75
1975	15	15.5		20.1	2013	2.73	4.64	2.68	3.19	2.5
1976	16.2	18	17.9	20.4	2014	2.43	4.26	2.53	2.983	2
1977	14.4	16	18.09	20.1	2015	1.74	3.53	1.64	2.084	1.5
1978	18.6	19	19.32	21.1	2016	1.48	33.37	1.34	1.886	1.25
1979	18.6	19	18.86	26.7	2017	1.56	3.48	1.26	2.325	1.5
1980	18.6	20	22.85	30.7	2018	1.07	3.66	1.518	2.651	1.75
1981	16.2	17	18.14	24.4	2019	1.77	3.5	1.592	2.023	1.25
1982	8	10	14.18	17.3						

주 1. 예금금리: (~1949년) 시중은행 6개월 이상 예금(연말), (1950~1995년) 1년 이상 예금(연말), (1996년~) 연중 은행 가중평균
주 2. 대출금리: (~1995년) 시중은행의 1년 내 대출, (1996년~) 연중 은행 가중평균
주 3. 회사채 금리: 연중평균, 1993년 6월까지는 거액채권의 거래량 가중평균. 이후는 AA- 회사채 3년물
주 4. 콜금리: 연중평균
주 5. 기준금리: 기말
주 6. 2019년은 10월 말 기준
자료: 한국은행, 한국거래소

그림 1-6 미국 기준금리 및 미 국채 10년물 추이

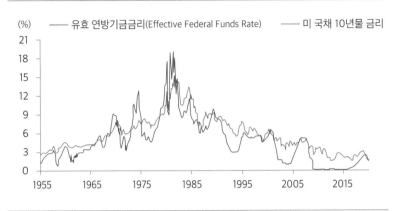

주: 미국의 기준금리는 구체적으로는 연방기금금리를 의미한다. 미국의 금융기관들이 연방준비은행에 예치된 지급준비금을 상호 1일간 빌리거나 빌려줄 때 이 연방기금금리를 기준으로 삼는다. 목표값과 실제 거래되는 금리는 차이가 날 수 있다. 실제 발생한 거래들의 가중평균 이자율이 바로 유효 연방기금금리다.
자료: St. Louis Fed

도 있지 않을까?' 여기에 대해 나름의 답을 해보면, 그럴 가능성이 별로 커 보이지 않는다.

한국의 전반적인 금리 추세는 1970년을 기점으로 상승기와 하락기로 나뉜다는 점을 설명했다. 그런데 그것이 한국만의 일은 아니었다. 예를 들어 미국은 1981년을 기점으로 금리 상승기와 하락기로 구분할 수 있다. 미국의 금리가 가장 높았던 시기인 1981년 9월 말 미국의 연방기금금리는 20%에 달했고 미 국채 10년물 금리는 16% 정도였다.

성장세 약화와 물가 상승률 하락이 추세적인 금리 하락의 원인이라면 그 이전의 추세적인 금리 상승의 배경은 무엇이었을까? 로버트 J. 고든(Robert J. Gordon)의 《미국의 성장은 끝났는가(The Rise and Fall of American Growth)》는 바로 이 부분에 대한 힌트를 준다.

"1970년이라는 해는 빠른 성장과 느린 성장을 가르는 뚜렷한 분기
점이다."

-《미국의 성장은 끝났는가》, 741쪽

고든의 설명에 따르면 1870년부터 1970년에 이르는 '특별한 세기'
였다. 2차 산업혁명 발명품들은 1920년과 1970년 사이 유래 없는 노
동생산성 상승기를 만들어냈다. 1870년에는 각각 독립적이던 도시
주택이 1940년까지 여러 방면에서 네트워크화되었다. 상수도가 놓이
고 전기·가스·전화가 연결되면서 물을 길어 나르고 장작이나 석탄을

그림 1-7 전자제품과 현대식 편의시설의 확산

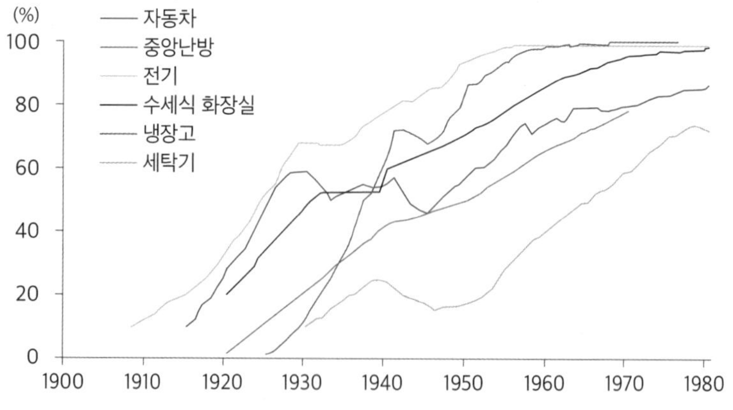

자료: Lebergott, 〈The American Economy: Income, Wealth, and Want〉, 1976

옮기는 수고가 사라지게 된 것이다. 1970년까지는 이러한 변화가 도시에서 소도시와 농촌으로 확산되는 과정이었다.

1970년 이후의 변화는 중요하지 않았을까? 《미국의 성장은 끝났는가》는 이 부분에 대한 설명도 제공한다. 2차 산업혁명과 달리 3차 산업혁명으로 불리는 정보통신 기술의 발전은 생산성 증가에는 큰 변화를 만들어내지 못했다. 인터넷 혁명은 업무 관행이나 절차를 바꾸었지만 그런 변화도 2005년에는 대부분 마무리되었다. 이후에는 스마트폰의 등장과 확산이라는 변화가 있었지만 이 또한 인터넷 혁명만큼 생산성에 가시적인 영향을 미치지 않았다.

즉 1920년부터 1970년까지 총요소생산성(TFP: Total Factor Productivity)* 증가 속도는 그 전이나 이후의 기간보다 훨씬 빨랐다. 한국은 1950년부터 1953년에 걸친 한국전쟁이라는 특수한 상황을 겪었기 때문에 다소의 흐름 차이는 있을 수 있다. 하지만 한국의 명목성장률이 역사적으로 가장 높았던 시점이 1969년이었다는 점을 고려할 때 이러한 생산성 증가라는 흐름은 한국에서도 유사하게 작용했을 것으로 볼 수 있다. 이때가 성장률 상승 추세가 끝나고 하락기에 접어드는 시점이라고 보면 앞서 설명한 1969~1970년 한국에서의 금리 고점도 어느 정도 설명이 된다.

끝으로, 금리의 고점이 한국은 1970년이고 미국은 왜 1981년이었

---

* 총요소생산성: 생산량 증가분에서 노동 증가에 따른 생산 증가분과 자본 증가분에 따른 생산 증가분을 제외한 생산량 증가분. 노동, 자본, 원자재 등의 생산요소 외에 기술 개발과 같은 부문이 생산에 얼마나 기여하는지를 나타내는 효율성 지표

는지는 그다지 중요하지 않을 것 같다. 그래도 이유를 생각해보면 인플레이션에 원인이 있을 것이다. 원유값이 급등하면서 물가에 충격을 줬던 1차 석유파동이나 2차 석유파동 모두 1970년대의 일이었고 국가별로 석유파동의 파급력은 달랐기 때문에 금리의 고점에도 차이가 있었던 것이 아닐까 한다. 당시는 지금처럼 국가 간 자본 이동이 활발하지 않았기 때문에 국가 간 금리 방향성이 같아지는 금리 동조화 현상을 기대하기 어려웠을 것이라는 점도 또 다른 이유로 지적할 수 있다.

금리가 하는 일

금리의 경제적 역할

경제에서 금리의 역할은 다양하다. 금리는 경제주체들의 저축과 투자에 영향을 미치고 물가 수준에도 영향을 미치며 국가 간 자본 흐름도 좌우한다.

금리가 저축과 투자에 미치는 영향을 먼저 살펴보자. 일반적으로 금리가 낮아지면 경제주체들은 저축의 유인이 낮아지고 소비의 기회비용이 작아지므로 저축을 줄이고 소비를 늘리려는 경향이 높아진다. 반대로 금리가 상승하면 저축 유인이 높아지고 소비의 기회비용이 커지기 때문에 경제주체들이 저축을 늘리려는 경향이 높아진다. 또 금리가 낮아지면 기업이 자금을 조달하는 비용이 낮아지므로 투자 유인이 높아진다. 반대로 금리가 높아지면 기업의 투자 유인은 낮아진다.

이는 일반적으로 그렇다는 것으로 반드시 그렇게 작동하지는 않는다. 금리가 계속해서 낮아지더라도 저축률이 하락하지 않고 되레 높아지는 사례는 스위스, 스웨덴, 덴마크 등 많은 국가에서 찾아볼 수 있다. 금리가 낮아진다는 의미는 매력적인 투자 기회가 감소하고 있다는 것을 의미하기도 한다. 따라서 불확실한 미래에 대응하기 위해 예비적인 동기에 따라 저축 성향이 오히려 높아질 수도 있다. 금융의 발전이 더딘 개발도상국의 경우처럼 금리가 낮아진다고 해서 마땅히 다른 투자 수단이 없는 경우도 있다. 이런 경우 역시 저금리 환경이라 하더라도 저축에 의존하려는 경향이 쉽게 바뀌기 어렵다.

한편 금리 변화는 소비에 대한 경향을 바꾸기 때문에 물가에도 영향을 미친다. 일반적으로는 금리가 낮아지면 수요가 증가해서 물가가 상승한다. 공급 측면에서는 저금리가 물가의 하락 요인으로 작용하기도 한다. 저금리 상황은 기업이 자금을 조달하는 비용을 낮추기 때문에 기업의 투자가 증가해 '규모의 경제'가 발생하게 되면 물가가 낮아지는 효과가 날 수도 있다. 하지만 영향의 시차를 생각하면 이러한 공급 측면보다는 수요 측면의 영향이 훨씬 빠르다. 따라서 저금리는 물가의 상승 요인으로 보는 것이 맞다.

금리는 국가 간 자본 흐름에도 영향을 미친다. 한 국가의 금리가 높아지면 그 나라로 자금이 유입될 가능성이 높아진다. 우리가 높은 금리의 신흥국 채권에 관심을 갖거나 미국의 금리가 높을 때에는 달

표 1-3 금리가 경제에 주는 영향

	소비	투자	물가	국가 간 자본 이동	환율
고금리	감소	감소	하락	유입	하락 (해당 국가의 통화가치 상승)
저금리	증가	증가	상승	유출	상승 (해당 국가의 통화가치 하락)

러화 예금에 대한 인기가 높아지는 것을 생각하면 된다. 반대로 금리가 낮아지면 해외에서 유입된 투자 자금이 회수될 가능성이 높아진다. 해외에서 한국에 투자한 자금을 회수하면 환율은 일반적으로 상승한다. 외환위기나 금융위기처럼 과거 우리 경제가 어려웠을 때는 환율 상승이 동반한 경우가 많았다. 그래서 우리나라 국민이나 정책자 모두 환율 상승에 대한 트라우마가 있다. 미국이 금리 인상을 하는 것에 대해 관심을 기울이고 미국과 한국의 금리차를 염려하는 것도 이런 이유 때문이다.

이처럼 금리는 다양한 경로로 우리 경제에 영향을 미친다. 중앙은행이 기준금리 인하나 인상에 대해 신중한 자세를 취하는 이유는 이런 다양한 파급력을 고려해야만 하기 때문이다.

금리와 은행

먼저, '금리'를 정의해보자. 금리란, 쉽게 말해 돈에 대한 사용료 같은 것이다. 1만 원을 빌리면서 1,000원의 사용료를 낸다면 이는 곧 원금에 대해 10%의 사용료를 낸다고 할 수 있다. 반대로 은행에 1만 원을 맡기고 1,000원의 이자를 받는다면 10%의 이자율로 얘기할 수 있다. 이렇듯 돈에 대한 사용료를 금액이 아니라 원금에 대한 비율(%)로 나타낸 것이 금리라고 이해하면 되겠다.

은행은 많은 일을 한다. 그중에서 우리가 쉽게 떠올릴 수 있는 은행의 역할은 이런 것이다. 예금자는 은행에 돈을 맡기고 이자를 받는다. 은행은 예금을 받아서 보관해주고 예금자가 맡겨놓은 기간 중에는 일정 주기마다 예금자에게 이자를 지급한다. 은행은 예금자에게 지급하는 이자를 어떻게 마련할까? 은행은 돈을 빌리러 오는 대출자에게 돈을 빌려주고 대출자에게 대출에 대한 이자를 받는다. 이때 대출자에게 적용되는 대출금리는 예금을 맡긴 예금자에게 적용되는 예금금리보다 당연히 높다. 대출금리와 예금금리의 차이를 예대마진이라고 하는데, 예대마진이 클수록 은행은 더 높은 수익을 낼 수 있다.

은행이 예금자들에게 받는 돈을 모두 대출해줄 수는 없다. 예금자가 인출을 요구할 수 있기 때문이다. 은행은 예금자가 언제 돌려달라고 요구할지 모르는 '지급을 준비하고 있어야 하는 돈'을 갖고 있어야 한다. 이것이 지급준비금이다. 또 지급준비율은 예금액 대비 지급준비금의 비율이다.* 시중은행은 지급준비금 대부분을 중앙은행에 맡긴다. 이렇게 중앙은행에 맡겨진 부분이 지준예치금이며, 시중은행

---

* 지급준비율: 한국은행이 정하는 지급준비율은 예금 종류별로 다른데, 정기예금에 대한 지급준비율은 2%, 요구불예금에 대한 지급준비율은 7%이다(2019년 말 기준).

그림 1-8 예금은행 지급준비금 추이

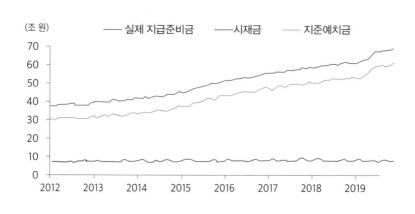

주: 일반은행과 특수은행 포함
자료: 한국은행

그림 1-9 한국은행 기준금리 및 여수신 금리

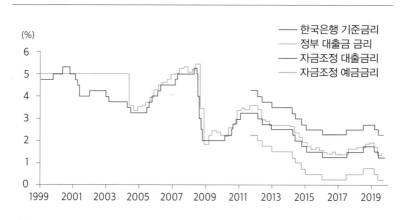

자료: 한국은행

에 남아 있는 나머지는 시재금이라 한다.

은행은 지급준비금을 제외한 부분을 대출해줄 수 있다. 대출된 돈은 소비나 투자에 이용되고 일부는 누군가의 예금으로 다시 은행으로 돌아온다. 은행으로 돌아온 돈에 대해서도 지급준비금만큼 은행에 남고 그 나머지는 다시 대출이 가능해진다. 이러한 거래가 반복되면서 시중의 통화량은 처음 공급된 화폐 발행액보다 훨씬 큰 규모로 증가할 수 있다. 가령 지급준비율이 10%라면 통화량은 이론적으로 당초 화폐 발행액의 10배까지 증가할 수 있다.

중앙은행의 기준금리 인하는 단기·장기 시장금리와 은행들이 취급하는 대출·예금 금리(여수신 금리)에도 영향을 미친다. 앞에서도 설명했듯 금리는 돈의 사용료 개념으로 볼 수 있기 때문에 중앙은행이 기준금리를 낮추고 그 영향이 파급되면 사람들은 소비를 늘리고 기업들은 투자를 늘리는 유인이 높아진다. 중앙은행의 기준금리 조절로 경제의 활력과 인플레이션(물가)에까지 영향을 미칠 수 있는 것이다.

마이너스 금리는 중앙은행의 디마케팅

기준금리를 0%에 가깝게(즉, 제로금리로) 낮추어도 투자와 소비가 늘지 않고 시중에 돈이 돌지 않는 경우, 또는 은행들이 대출을 꺼리고 중앙은행으로 필요 이상의 지준이 쌓이게 되는 경우 중앙은행은 시중은행에 비용을 부과해 이를 해결할 수 있다. 일정 수준 이상 맡기면 보관료를 받겠으니 중앙은행에 너무 많은 돈을 맡기지는 말라는 식이다.

상품과 서비스에 대한 수요를 높이기 위해 탄생한 것이 마케팅이라면, 이와는 정반대되는 디마케팅(demarketing)이라는 개념도 있다. 디마케팅은 상품과 서비스 수요를 줄이기 위한 활동을 말한다. 예를 들어 담배 패키지에 혐오스러운 사진을 부착해서 담배에 대한 소비가 줄어들도록 유도한다거나, 고객이 소액의 잔액만 남겨둔 채 오랫동안 사용하지 않는 계좌에 대해 은행이 일정 기간마다 수수료를 떼어 간다거나 하는 활동을 디마케팅의 사례로 들 수 있다. 마이너스 금리라는 것도 넓은 범주에서 보면 중앙은행의 디마케팅 활동이라고 보면 이해하기 쉬울 것이다.

법적으로 시중은행은 중앙은행에 지급준비금을 쌓도록 되어 있다. 그러므로 그 전체에 대해 중앙은행이 비용을 부과하면 시중은행은 억울할 것이다. 그래서 마이너스 금리정책을 도입한 중앙은행들은 금융기관이 중앙은행에 예치한 금액에 대해 일률적으로 마이너스 금리를 적용하지는 않는다.

예를 들어 2016년 1월 마이너스 금리정책을 도입한 일본은행은 '계층구조 방식'의 마이너스 금리를 도입했다. 이 방식에 따라 일본은행의 당좌예금 잔고를 세 부분으로 나눌 수 있다. ① 마이너스 금리 도입 이전 1년간 금융기관 예치금의 평균 잔액, ② 금융기관 요구지준이나 일본은행의 대출 지원 프로그램 관련 예치금, ③ 앞의 둘을 제외한 나머지. 이렇게 셋으로 구분하여 ③에 해당하는 부분에만 마

그림 1-10 일본은행의 마이너스 금리정책

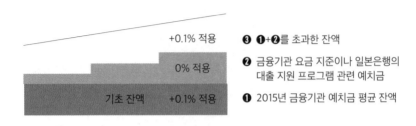

+0.1% 적용 ❸ ❶+❷를 초과한 잔액

0% 적용 ❷ 금융기관 요금 지준이나 일본은행의
대출 지원 프로그램 관련 예치금

기초 잔액 +0.1% 적용 ❶ 2015년 금융기관 예치금 평균 잔액

자료: 일본은행

이너스 금리를 적용하기로 한 것이다. 시중은행은 중앙은행에 지준을 쌓기보다 개인이나 기업에 대출을 늘리거나 유가증권에 투자를 늘림으로써 마이너스 금리가 적용되는 비중을 낮출 수 있다. 마이너스 금리정책이 등장하기 전까지는 제로금리가 정책금리의 하한으로 여겨졌지만, 금융위기 이후 이 같은 새로운 개념이 생겼고 일본을 포함한 몇몇 나라에서 마이너스 금리정책을 시행 중이다.

제로금리 시대의 정의

세상에는 수많은 종류의 금리가 존재한다. 제로금리는 어떤 기준으로 정의할 수 있을까? 제로(0)금리에 대한 정의는 잠깐의 검색으로 찾아볼 수 있지만, 명확한 정의가 있는 것 같지는 않다.

우리가 중앙은행이 결정하는 금리에 주목하는 이유는 모든 금리의 기준이 되기 때문일 것이다. 명칭부터가 '기준'금리이지 않은가. 그러므로 제로금리를 정의할 때도 기준금리를 기준으로 얘기하는 것이 맞을 것이다. 기준금리가 0%가 되는 경우는 누가 봐도 명백하게 제로금리다. 좀 더 살펴보면 '제로금리'라는 말을 유연하게 볼 여지가 있다. 제로금리정책(ZIRP: Zero Interest-Rate Policy)으로 소개되는 사례에는 금융위기 직후 미국의 경우가 대표적이다. 금융위기 직후의 연방기금금리(Federal Fund Rate) 목표는 0~0.25%였다. 연방기금금리는 2015년부터 인상되었지만 2019년과 2020년 금리 인하를 통해 다시 0~0.25%로 돌아온 상황이다. 연방기금금리를 0~0.25%라는 범위 내로 유도하는 정책이라서 명확하게 0% 기준금리는 아니지만 제로금리로 봐도 무방하다는 사실을 의심하는 사람은 아무도 없다.

기준금리가 0.5%인 상황은 어떨까? 제로금리로 볼 수 있을까? 루이스-필립 로천(Louis-Philippe Rochon)과 서지오 로시(Sergio Rossi)의 《중앙은행 백과사전(The Encyclopedia of Central Banking)》에서는 제로금리정책을 익일물 명목금리가 0%이거나 0%에 근접한 금리 상황으로 정의하면서 이에 대한 사례로 일본과 미국은 물론 영국까지 거론하고 있다. 일본은 1990년대 후반부터 0%의 기준금리였으니 명백하게 제로금리였고, 미국도 앞서 설명한 것처럼 제로금리라고 얘기하는 데 무리가 없다. 그런데 영국의 경우는 기준금리가 0.5%인 상황이었는데도 이 책에서는 제로금리정책의 사례로 다루었다. 물론 영국 기준금리도 2016년에 0.25%로 인하된 적이 있고 현재는 그보다 낮은 0.1%에 불과하다. 하지만 위에서 소개한 책이 발간된 시점은 2015년으로 영국이 0.5% 미만의 기준금리를 경험하기 전이었다.

(2016년 영국 중앙은행은 브렉시트 국민투표에서 유럽연합 탈퇴가 결정되자 경제적 혼란을 고려해 7년 5개월간 유지하던 0.5%의 기준금리를 0.25%로 추가 인하했었다. 이후 영국 기준금리는 2017~2018년에 걸쳐 0.75%까지 인상되었다가 2020년 3월 미국이 제로금리로 회귀한 이후 다시 0.1%로 낮아졌다.)

이 책이 화두로 삼고 있는 제로금리 시대라는 것이 정확하게 기준금리 0%인 상황을 얘기하는 것은 아니라는 점을 얘기하고 싶다. 현재의 기준금리 0.75%는 엄밀하게 '제로금리'는 아니지만 넓은 의미에서 생각하면 현재를 제로금리 시대라 부르는 것이 그렇게 틀린 말 같지는 않다.

중앙은행이 하는 일

중앙은행의 역사는 1600년대에 시작되었다. 1609년 창설된 암스테르담 은행이나 1668년의 스웨덴의 릭스방크(Riksbank)를 중앙은행 역사의 시작으로 꼽는다. 영국 중앙은행(Bank of England)*이 창설된 시점도 1694년으로 1600년대이다. 우리가 언론을 통해 비교적 소식을 자주 접하게 되는 중앙은행들의 역사는 상대적으로 길지 않다. 미국의 중앙은행 체계인 연방준비제도(federal reserve system)가 갖춰진 것은 1913년이다. 일본 중앙은행은 1882년에 설립되었다. 한국의 중앙은행인 한국은행은 1950년(일제강점기로 거슬러 올라가면 1909년 구 한국은행 설립), 유럽중앙은행은 1998년 설립되었다.

은행이 하는 일을 모르는 사람은 없을 것이다. 대부분 이용했거나 여전히 이용하고 있을 것이다. 중앙은행은 화폐를 발행하는 역할을 담당하고, 시중은행들의 은행 같은 존재이기도 하다. 좀 더 구체적으로 알아보자.

우선, 한국의 중앙은행인 한국은행의 설립 목적은 다음과 같다.

한국은행의 설립 목적

효율적인 통화신용정책의 수립과 진행을 통해 물가 안정을 도모함으로써 나라경제의 건전한 발전에 이바지합니다. 또한 이 과정에서 금융 안정에도 유의하여야 합니다.

한국은행법은 한국은행의 설립 근거가 되는 법이다. 1950년 5월 5일 제정되어 이후 몇 차례 개정되었는데, 한국은행의 책무외 독립성 강화, 금통위원의 임기 등에 대한 깃이다. 현재 한국은행의 책무는 물가 안정과 금융 안정이다. 금융 안정의 경우는 2011년 한은법 개정으로 부여되었다.

중앙은행의 역할은 다음의 세 가지 정도로 요약할 수 있다.

---

* 영국 중앙은행은 흔히 영란은행으로 부르기도 하는데, '영란'은 프랑스를 '불란서'로 읽는 것과 같은 잉글랜드(England)에 대한 한자 음역어이다.

중앙은행의 역할

(1) 통화정책

통화정책은 금융 시스템의 유동성을 조절하는 중앙은행의 가장 핵심적인 역할이다. 이 역할을 수행하기 위해 중앙은행은 지급준비율 조정이나 공개시장 운영, 기준금리 결정과 같은 방법을 사용한다.

예금의 일정 비율을 한국은행에 지급준비금으로 예치해두어야 하는데, 한국은행은 이 비율(지급준비율)을 조정하여 시중에 유통되는 돈의 양을 조절한다.

공개시장 운영이라는 말은 일반에게는 상당히 생소한 용어일 것이다. 이전부터 경제나 금융에 관심이 많았다면 이 용어보다는 공개시장 조작이라는 단어가 더 익숙할 수 있다. 공개시장 운영이든 공개시장 조작이든 'Open Market Operation'을 우리말로 옮긴 것이다. 한국은행은 이 용어를 1977년부터는 '공개시장 조작'으로 사용하다가 操作(조작, '잘 처리한다')이란 단어를 造作(조작, '어떤 일을 사실처럼 꾸민다')으로 받아들일 수 있다는 오해를 줄이기 위해 2016년 1월부터는 '공개시장 운영'이라는 표현을 사용하기로 했다.

그림 1-11 우리나라의 통화정책 체계

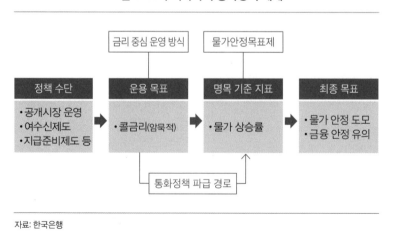

자료: 한국은행

공개시장 운영은 중앙은행이 금융시장에서 증권 매매를 통해 금리나 유동성을 조절하는 것이다. 한국은행은 공개시장 운영을 통해 콜금리가 기준금리 수준에서 크게 벗어나지 않도록 관리한다.

경기 과열이나 인플레이션에 대응하기 위해 금리를 높게 설정하는 것을 긴축적 통화정책이라고 하며, 저물가 상황이나 경기 상황 악화에 대응하기 위해 금리를 낮게 설정하는 것을 완화적(또는 확장적) 통화정책이라고 한다. 통화정책이 지나치게 완화적이면 물가 상승이나 자산 버블, 경기 과열이 나타날 수 있다. 지나치게 긴축적이면 기업의 신용 경색이나 대출자들의 부담 증가로 민간 소비가 감소하거나, 심하면 경기 둔화로 연결되는 부작용이 나타날 수 있다. 통화정책이 효과를 내는 데 6개월 이상의 시차가 있다고 알려져 있다. 정책자들이 금리정책을 펼 때 참고하는 경제지표도 집계되어 발표되기까지 시차가 있다. 그러므로 이러한 시차를 감안하여 경기를 판단하고 경기 여건에 부합하는 통화정책을 구사하는 것이 정책자들의 과제이다.

(2) 은행 규제

중앙은행은 시중은행에 적절한 지준을 유지하도록 요구하거나 금융 시스템을 안정시키고 예금자를 보호하기 위해 은행을 규제할 수 있다.

(3) 금융 서비스

평상시 금융기관에 일시 부족 자금 등을 대출해주거나 여유 자금을 예수하여 비상시에 금융기관에 긴급 자금을 대출하는 등 금융시장이 불안해지지 않도록 관리한다. 또 외환보유고를 적정 수준으로 관리하고, 환율변동성이 확대되면 시장을 안정화시키는 등의 업무가 여기에 해당한다.

중앙은행은 다양한 역할을 담당하고 있지만, 중앙은행의 가장 중요한 목적은 물가 안정과 금융 안정이다. 한국은행의 결정은 일상에 많은 영향을 준다. 물가 상황과 금융 안정이 위협받는 정도에 따라 중앙은행이 어떤 대응을 하고, 목적이 상충될 때는 한국은행이 어떤 목적을 더 우선시할지에 대해 미리 예상해보는 것은 투자 활동이나 일상생활에 있어서 중요한 일이다.

10년 당겨진 인구절벽

한국의 출생아 수 감소가 가파르다. 2017년의 출생아 수는 35만 8,000명으로 처음 40만 명을 밑돌기 시작하여 2019년에는 30만 3,100명으로 30만 명대를 간신히 지키는 데 그쳤다.

우리나라의 통계청은 5년마다 인구를 추계한다. 추계라는 말은 추정해 계산해낸다는 뜻이다. 인구의 구조적 변화는 평균수명이나 사망률, 출생률 변화를 근거로 어느 정도 계산이 가능하다. 갑자기 사망자가 늘어나거나 다른 지역에서 대규모로 이주하는 등의 상황이 아니라면 기존 추세와 향후 흐름에 대한 가정을 토대로 인구의 전체 흐름을 예상할 수 있다.

가장 최근의 인구추계는 통계청이 2019년 3월에 발표한 〈장래인

구추계: 2017~2067년〉을 통해 살펴볼 수 있다. 이 자료에 따르면, 한국의 인구가 정점에 이르는 시점은 2028년이다. 5,194만 명을 정점으로 현재부터 9년 후인 2029년부터 한국의 인구가 감소한다는 예상이다.

통계청의 인구추계는 얼마나 정확할까?

통계청의 과거 추계와 현재의 상황을 비교해보면 그 차이를 발견할 수 있다. 통계청이 지난 2011년과 2016년 발표했던 인구추계를 들여다보면 당시에는 한국 인구의 자연증가율이 마이너스로 전환되는 시점을 2028년 또는 2029년으로 예상했었다는 것을 알 수 있다.

앞서 소개한 통계청의 최신 추계로 보면 2019년에 이미 인구의 자연감소가 시작되었기 때문에 당초의 예상보다 인구 감소가 시작되는 시점이 10년이나 당겨진 것이다. (통계청이 2020년 2월 26일 발표한 출생 사망통계 잠정결과를 보면 2019년 출생아 수는 30만 3,100명, 사망자는 29만 5,100명으로 자연증가는 8,000명이었다. 2019년 추계와는 다르게 2019년에도 자연 '증가'했지만 자연증가 인구수는 1970년 통계 작성 이후 가장 적었다. 아마도 한국의 인구는 2020년부터 자연'감소'할 것으로 예상된다.) 인구의 자연증가율은 출생아 수가 사망자 수보다 적으면 음(-)의 값을 갖게 된다. 최근 출생아 수의 급격한 감소가 인구의 자연감소 시점을 앞당겼다. 통계청이 5년마다 했던 추계를 3년 가까이 앞당겨 '특별'추계를 발표한 것도 당초 예상보다 출생아 수가 빠르게 감소했기 때문이다.

그림 1-12 사망자 수 및 출생아 수 추이

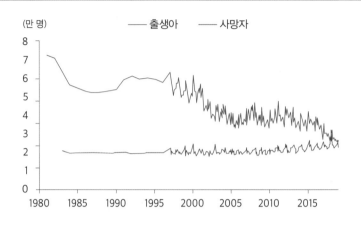

주 1. 사망자 수 및 출생아 수의 경우 1996년까지는 연도별 월평균, 1997년부터는 월별
주 2. 합계출산율: 가임여성(15~49세) 1명이 평생 동안 낳을 것으로 예상되는 평균 출생아 수
　　　1950년대 중반부터 1960년 초반까지 베이비붐으로 매년 90~110만 명 출생. 이후 1960년대 산아제한과
　　　1990년대 산아제한 완화, IMF 이후의 취업연령 상승 등이 과거 출생아 변화에 영향을 준 변수들임.
자료: 통계청

그림 1-13 한국 합계출산율 추이

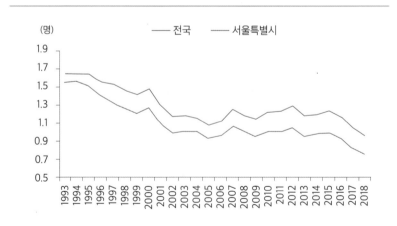

자료: 통계청

표 1-4 장래인구추계 변화

	장래인구추계 2010~2060	장래인구추계 2015~2065(A)	장래인구추계 2017~2067(B)	A와 B 차이
자료 발표 시점	2011년 12월	2016년 12월	2019년 3월	
총인구 정점 예상 시점 (예상 인구)	2030년 (5,216만 명)	2031년 (5,296만 명)	2028년 (5,194만 명)	3년 빨라짐
인구 감소 시작 시점	2031년	2032년	2029년	
인구 자연감소 전환 시점 (사망자 > 출생아)	2028년	2029년	2019년	10년 빨라짐
생산가능인구 정점 예상 시점 (예상 인구)	2016년 (3,704만 명)	2016년 (3,763만 명)	2016년 (2016년 말 실제 주민등록 인구 3,778만 4,417명)	
생산가능인구 변화 예상	2020년대 연평균 30만 명씩 감소	2020년대 연평균 30만 명씩 감소	2020년대 연평균 33만 명씩 감소 2030년대 연평균 52만 명씩 감소	
당시 합계출산율	2010년 1.23명 2011년 1.24명	2015년 1.24명 2016년 1.17명	2018년 0.98명 2019년 0.92명	

주 1. 중위추계 기준. 즉, 인구변동 요인(출산율, 기대수명, 국제순이동)의 중간 수준을 가정한 기본 시나리오에 근거
주 2. 통계청이 2019년 3월 발표한 〈장래인구 특별추계〉는 초저출산을 감안, 통상 5년 단위의 추계 발표시점보다 2년 9개월 먼저 발표된 자료임.
자료: 통계청

한국의 인구 자연감소는 이미 시작되었고 인구가 정점을 기록하는 시점은 향후 8년 정도 이후이다. 인구의 정점은 출생 인구와 사망 인구 외에 인구 이동이 함께 고려된 것일 뿐이다. 이는 향후 8년간 국외에서 유입되는 인구가 국외로 유출되는 인구보다 더 많을 것으로 예상된다는 가정을 바탕으로 한 것이다. 만일 인구 이동이 예상과 다르다면 인구가 감소하는 시점도 더 빨라질 가능성이 있다.

그림 1-14 총인구 추계, 생산가능인구 추계

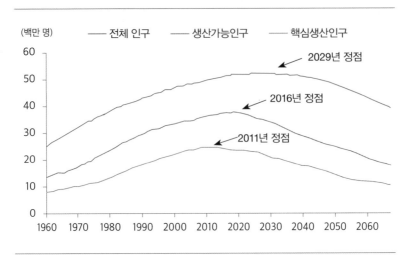

주 1. 생산가능인구(Working Age): 15~65세, 핵심생산인구(Prime-Age Workers): 25~54세
주 2. 중위추계 기준임. 생산가능인구는 이미 2016년 말 3,778만 명을 정점으로 감소 중
자료: 통계청

그림 1-15 총인구 추계, 생산가능인구 증가율 추계

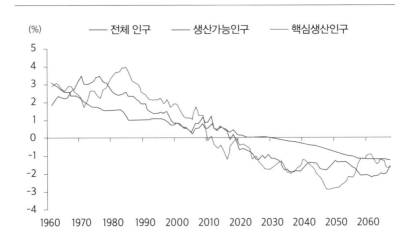

자료: 통계청

그림 1-16 기대수명 추이

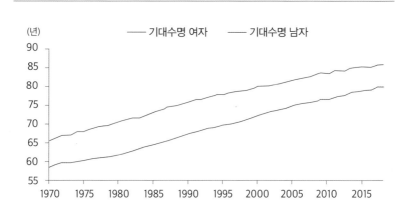

자료: 통계청

그림 1-17 한국 인구구조

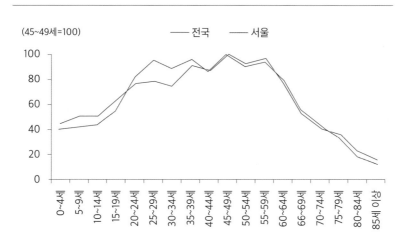

자료: 통계청

한국의 인구구조는 상당히 빠르게 변화하고 있다. 출산율 감소 외에 고령화율(65세 이상의 인구비율)이 높아지는 것도 눈에 띄는 변화이다. 미래학자 레이 커즈와일(Ray Kurzweil)은 《특이점이 온다(The Singularity is Near: When Humans Transcend Biology)》에서 향후 2045년 정도에는 인간의 수명이 무한히 연장될 수 있게 될 것이라고 주장했다. 상당히 파격적인 주장이라서 실제로 그렇게까지 가능할지는 의문이지만 의학이 발달함에 따라 기대수명이 늘어나고 있는 것은 분명하다. 지난 50년간의 추이로 살펴보면 한국인의 기대수명은 대략 2~3년마다 1년 정도로 늘어왔다는 사실을 알 수 있다.

고령화와 저출산으로 인해 한국의 인구구조는 현재 그림 1-17과 같은 형태를 보이고 있다. 연령 구간별로 가장 많은 인구가 집중된 구간이 45~49세인데, 이 구간을 100으로 두고 다른 구간들을 비율로 나타낸 것이다. 전국으로 보나 서울로 한정해 보나 30세 이하의 인구는 확실히 적다는 것을 확인할 수 있다. 10세 이하의 인구는 현재의 45~49세 구간의 연령별 평균 인구 대비 절반 수준에도 못 미친다.

인구구조 변화로 성장률 하락은 필연적이다 ————

인구구조의 변화는 우리 경제에 어떤 영향을 미치게 될까? 무엇보다 성장률을 떨어뜨리게 된다. 간단한 예를 통해 인구구조 변화와 성장률 하락을 아주 직관적으로 나타내볼 수 있다.

표 1-5는 한 국가의 인구구조 변화를 가정한 것이다. 처음 시점

(T=0)에서 10세 단위의 인구가 5명씩이라고 하자. 연령이 높아질수록 인구는 일정 비율씩 감소하는 형태로 가정했다. 세월이 흐르면서 평균수명이 길어진다는 점도 고려했다. 출생아 수가 증가하면서 이 국가의 인구가 의미 있게 증가하는 시기를 거치게 되고, 그 이후 출생아가 감소하고 고령화가 진행되는 상황을 시점별 연령대 인구수 변화로 단순하게 나타냈다. 인구는 어느 연령대가 중간에 갑자기 사라져 버리거나 생겨나는 일은 잘 없기 때문에 0~10세 인구가 10년 뒤에는 10~20세 인구로 올라오고 20~30세 인구가 30~40세 인구로 올라

표 1-5 인구구조 변화의 예(최대한 단순하게 가정)

연령대별 1인당 평균 생산량	연령대	0	10년 후	20년 후	30년 후	40년 후	50년 후	60년 후	70년 후	80년 후	90년 후
0	90~100							1	2	2	2
3	80~90					1	2	3	3	3	8
5	70~80			1	2	3	3	5	5	10	15
10	60~70	1	2	3	3	5	5	5	10	15	20
30	50~60	3	3	5	5	5	5	10	15	20	20
50	40~50	5	5	5	5	5	10	15	20	20	20
50	30~40	5	5	5	5	10	15	20	20	20	15
30	20~30	5	5	5	10	15	20	20	20	15	15
10	10~20	5	5	10	15	20	20	20	15	15	10
0	0~10	5	10	15	20	20	20	15	15	10	5
전체 인구 합		29	35	49	65	84	100	114	125	130	130
핵심인구 합		15	15	15	20	30	45	55	60	55	50

주: 핵심인구는 30세 이상 50세 미만으로 가정

오는 상황이 나타나게 된다.

경제활동에 참여하는 연령대가 되면 일부는 경제활동에 참여해 국내총생산(GDP) 증가에 기여한다. 20대가 되고 30대가 되면서 생산에 참여하는 비율이 높아지므로 1인당 평균 생산량도 높아진다. 이후 50대가 되고 60대가 되면서 일을 줄이거나 은퇴하는 비율이 높아진다. 이러한 점을 감안해 1인당 평균 생산량을 가정해 연령대 옆에 기록했다. 물론 우리는 현실이 이렇게 단순하지 않다는 사실을 잘 알고 있다. 개인별로 건강, 교육수준, 업무 숙련도에 따라 생산성의 편차가 크게 나타날 것이다. 그러한 차이를 모두 반영한다면 단순화된 예시로 나타내기 어렵다. 여기서는 그러한 개인별 차이는 평균을 하면 상쇄돼버린다고 가정하고 경제 참여도만을 감안해 인당 생산량을 가정한 것이다.

이런 가정 아래 국내총생산과 경제성장률을 계산해보자. 시점별로 각 연령대별로 가정한 1인당 평균 생산량에 연령대별 인구를 곱해서 국내총생산과 경제성장률을 계산했다. 이렇게 하면 표 1-6에서 볼 수 있듯이 출생아 수가 증가하면서 경제성장률은 높아지고 출생

표 1-6 앞서 가정한 상황에 대한 국내총생산과 경제성장률 계산 결과

	0	10년 후	20년 후	30년 후	40년 후	50년 후	60년 후	70년 후	80년 후	90년 후
국내총생산	800	810	935	1,140	1,618	2,271	2,934	3,334	3,409	3,199
경제성장률(%)		0.12	1.45	2.00	3.56	3.45	2.59	1.29	0.22	-0.63

주: 경제성장률은 CAGR(Compound Annual Growth Rate)로 계산한 연평균 성장률
자료: 통계청

그림 1-18 전체 인구와 핵심인구 변화(표 1-5 차트화)

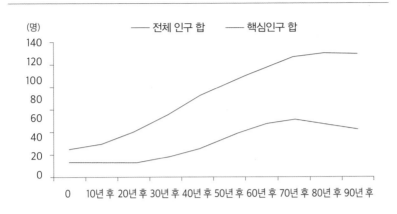

자료: 통계청

그림 1-19 국내총생산과 경제성장률(표 1-6 차트화)

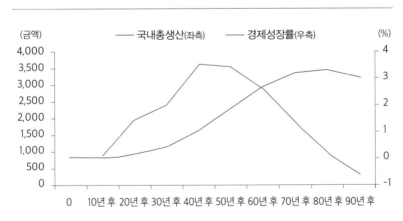

자료: 통계청

아 수가 정체되거나 감소하면 경제성장률이 감소하게 된다. 기술의 혁신이 일어나면 상황이 변할 수 있겠지만 혁신의 정도가 상황을 크게 반전시킬 정도가 아니라면 인구구조의 변화가 성장률 변화에 큰 영향을 미치게 된다.

인구구조 변화가 어떤 원리로 성장률을 하락시키는지를 설명하기 위해 단순하지만 구체적인 가정을 통해 예를 들어보았다. 이 단순한 예를 앞서 설명한 통계청의 인구추계와 연결해서 생각해보자.

한국은 이미 생산가능인구가 빠르게 감소하는 구간에 진입한 만큼 가파른 성장률 하락이 필연적일 것이란 예상을 할 수 있다.

인구구조 선행지표는 일본, 동행지표는 태국 ——————

인구구조 변화와 성장률 하락을 얘기하는 데 참고할 만한 국가는 어떤 곳들이 있을까? 인구 고령화를 얘기할 때 빠지지 않고 등장하는 사례로 대표적인 곳이 일본이다. 일본은 일찍이 고령화를 겪었다. 생산가능인구는 한국보다 21년 앞서 1995년 정점을 기록했고, 총인구도 2009년을 정점으로 10년 이상 감소하고 있다. 따라서 한국이 참고는 할 수 있겠지만 상당한 시차가 있다. 이보다는 좀 더 시차가 적은 국가를 찾아서 참고하면 좋을 것이다. 그런 관점에서 필자는 태국에 주목한다.

UN은 200개가 넘는 국가에 대한 인구추계를 발표한다. 인구에 관한 UN의 최신 자료인 〈World Population Prospects 2019〉로 살펴보

표 1-7 국가별 총인구 및 생산가능인구 정점 비교

	일본	중국	한국	태국	베트남	세계
인구정점 시기	2009년	2031년	2024년	2028년	2054년	-
인구정점 인구수	1억 2,855만	14억 6,441만	5,135만	7,040만	1억 9,795만	-
생산가능인구 정점 시기	1995년	2015년	2016년	2018년	2037년	2093년
생산가능인구 정점 인구수	8,777만	10억 2,157만	3,730만	4,930만	7,090만	65억 3,752만

주: 국제 비교를 위해 UN의 추계를 이용해 비교. 생산가능인구 정점 시점이 빠른 순으로 정렬
　　한국의 경우 통계청 추계와 숫자가 다른 이유는 인구변동 요인에 대한 가정이 다르기 때문임.
자료: UN

면 한국의 인구 정점은 2024년이다. (앞서 살펴본 통계청의 추계보다 4년 빠른데, 이는 통계청과 UN의 인구변동 요인에 대한 가정이 다르기 때문이다.) 태국의 인구 정점은 2028년이다. 한국과 태국의 생산가능인구의 정점은 2년의 차이가 있고 생산가능인구 정점부터 인구 정점까지의 기간도 각각 8년과 10년으로 두 국가의 차이는 2년에 불과하다. UN이 추계하는 모든 국가를 다 살펴봐도 인구구조 변화에서 이 정도로 유사한 국가를 찾기는 어렵다.

　베이비붐 세대에 대한 비교도 필요할 것 같다. 일본은 1947년에서 1949년까지, 한국에서는 한국전쟁 이후인 1955년부터 1963년까지 베이비붐이 일어났다. 태국에서는 베이비붐을 1946년부터 1964년까지로 본다. 이 시기를 지나면서 출생아 수가 줄어들고 여성의 출산율도 낮아지게 된다. 1970년대부터 태국의 출산율이 본격적으로 낮아지기 시작했다. 메차이 비라바이댜(Mechai Viravaidya)라는 운동가가 빈곤 퇴치 프로그램을 주도했고 '작은 가족' 갖기가 선호되었기 때문이다. 한국과 일본, 그리고 태국의 합계출산율 추이를 비교해보더라도 한

그림 1-20 한국과 일본, 태국의 합계출산율 추이

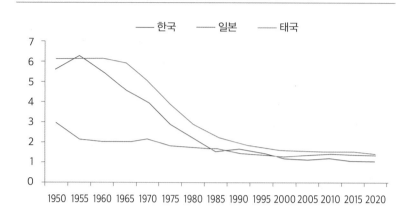

자료: UN

국과 일본은 변화 추이가 확연하게 다른 반면 태국과는 상당히 비슷한 추세를 보인다.

태국의 통화정책 행보 또한 한국과 상당히 유사하다. 태국 중앙은행은 2018년 한 차례 기준금리 인상을 단행한 이후 2019년에는 두 차례의 기준금리 인하를 단행해 2019년 말에는 기준금리가 1.25%였다. 이는 한국과 동일한 행보였다. 한국은행도 2018년 한 차례 기준금리 인상을 단행했고, 2019년에는 두 차례 기준금리 인하를 단행해 2019년 말 기준금리는 1.25%였다.

2019년 태국의 경제성장률은 2.4%를 기록했다. 이는 2014년 이후 가장 낮은 성장률이다. 소비자물가 상승률은 0.7%에 그쳤다. 2020년인 올해 초의 전망으로 보면 올해도 작년과 별반 다르지 않을 것으로 예상되었다. (이후 코로나 19 쇼크의 영향으로 성장과 물가 전망 모두 크

그림 1-21 국가별 인구구조 변화

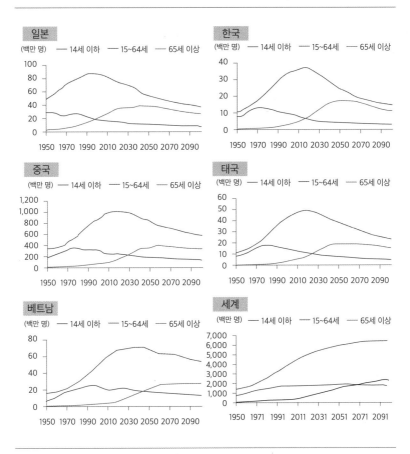

자료: UN, 〈World Population Prospects 2019〉

게 낮아질 것으로 예상된다.) 태국은 2020년 2월 5일 추가로 기준금리를 인하해 한국보다 낮은 1.0%가 되었다. 한국은 2월까지 1.25%의 기준금리를 유지했다. 하지만 이후 코로나 19 사태가 심각해지면서 미 연준은 제로금리를 선언했고, 한국도 임시금통위를 통해 기준금리 50bp 인하(1.25 → 0.75%)를 단행했다.

이렇듯 한국과 태국의 통화정책은 다소의 시점 차이가 있을 뿐 상당히 유사하게 전개되고 있다. 경제 규모나 소득수준 등에서는 분명 차이가 있는 국가이지만 인구구조 면에서, 성장률과 물가라는 측면에서 유사한 두 나라가 앞으로 어떤 통화정책 행보를 이어갈지 확인하는 것은 상당히 흥미로운 일일 것이다.

물가는 왜?

2019년인 지난해 물가는 유난히 낮았다. 월별로는 전년 대비 마이너스 증가율을 보인 달도 있었다. 유래가 없던 일이다. 그렇다 보니 디플레이션 진입에 대한 논쟁도 분분했다. 이번 장에서는 물가에 관한 다양한 의문점들을 다뤄보았다.

소비자물가지수의 탄생

소비자물가지수(CPI: Consumer Price Index)는 국제노동기구(ILO: International Labour Organization)가 국제적인 기준을 만들고 많은 나라가 이러한 기준을 참고해 작성한다. 소비자물가지수에 대한 방법론, 샘플링, 자료 수집 주기 등에 대한 내용은 국제노동기구 홈페이지에 566쪽의 방대한 분량으로 매뉴얼이 제공되고 있다.

역사적으로 물가가 제대로 측정되기 시작한 것은 불과 100여 년밖에 되지 않았다. 많은 나라에서 물가를 측정하려고 한 이유는 인플레이션에 따른 구매력 저하에 대응해 노동자의 임금을 조정하기 위해서였다. 그래서 물가지수를 담당하는 부서가 노동부인 경우가 많았다고 한다. 미국의 경우에도 노동부 노동통계국(Bureau of Labor Statistics)에서 소비자물가지수를 발표하는데, 바로 이런 이유 때문이다. 앞서 소개한 것처럼 소비자물가지수의 국제 기준을 만드는 곳도 다름 아닌 국제노동기구이다.

필자는 회사원으로 일하기 시작한 초기에 월급에 대해 궁금증을 가졌던 적이 있다. 어찌 보면 생활하기에는 적당하다고 할 수 있지만 사치를 부리기에는 충분하지 않은 수준의 월급에 대한 궁금증이었다. 직장인의 월급이라는 것이 업종이나 회사, 하는 업무에 따라 차이는 있겠지만 그 수준은 사람마다 몇 배씩 차이가 나지는 않는다(사회생활 초기라면 더욱 그렇다). 직장인 대부분이 받는 급여가 딱 그 정도 수준에 맞춰져 있다는 것이 신기했던 것이다. 노동자의 임금 조정을 위해 물가 측정이라는 것이 생겨났다는 사실을 생각하면 의문이 좀 풀리지 않는가?

소비자물가지수의 100년 역사를 살펴보면 그동안의 물가 측정 방식에도 상당히 많은 변화가 있었음을 알 수 있다. 그만큼 물가를 제대로 측정한다는 것은 쉽지 않은 문제이다. 물론 현재의 측정 방법도 완전하다고 볼 수는 없다. 제품들이 다양한 편의에 맞게 세분화되어 등장하고 있고 공유경제나 구독경제가 부상하는 등 새로운 서비스가 생겨나고 있기에 과거에는 없던 새로운 형태의 소비가 늘어나고 있다. 그래서 소비자물가지수도 계속적인 보완이 필요한 것이다.

한국의 소비자물가지수

한국의 물가지수는 통계청이 발표한다. 통계청은 소비자물가지수를 어떻게 작성할까? 소비자가 지출하는 항목들 중에서 비중이 일정 부분 되는 항목들을 가중평균해서 구하는 방식이다. 현재는 460가지 항목의 가격을 측정해서 구한다. 그런데 소비자가 지출하는 항목들은 시간이 지나면서 바뀐다. 그래서 소비자물가지수를 발표하는 통계청은 5년에 한 번씩 물가지수를 개편하는 작업을 한다. 여전히 많은 소비가 이뤄지는 품목들이 있는가 하면, 더 이상 소비되지 않거나 그 비중이 미미한 품목들이 있다. 반면 새롭게 등장해서 널리 사용되는 품목들이 있게 마련이다. 이런 품목들은 물가지수에 넣거나 빼고, 때로는 가중치를 변경해야 현실 여건을 더 잘 반영할 수 있다.

참고로 지난 2015년 기준 물가지수 개편에서는 파스타면·전기레인지·블루베리·건강기기 렌탈비 등 18개 품목이 추가되었고 잡지·커피크림·사전 등 10개 품목이 빠지게 되었다. 또 그보다 5년 전인 2010년 기준 물가지수 개편에서는 가전제품 렌탈비·디지털 도어록·스마트폰 이용료·요양시설 이용료 등 43개 품목이 추가되고 캠코더·청주·세탁

비누·유선전화기·금반지 등 21개 품목은 제외되었다.

물가지수에 포함되거나 빠지는 항목은 소비자들의 지출액이 기준이 된다. 2016년 개편에서 통계청이 새롭게 추가한 품목은 월평균 소비지출액이 1만 분의 1 이상인 품목 중에서 측정 가능성과 대표성을 기준으로 선정된 것이다. 기존 물가지수에 포함되어 있던 품목 중에서는 월평균 소비지출액이 1만 분의 1 미만으로 하락하거나 계속적으로 조사가 곤란한 경우 또는 대표성을 상실한 품목 중에서 탈락 항목이 선정되었다. 온라인 가격에 대한 반영 비율도 확대되고 있다. 소비자들의 온라인 쇼핑이 증가하는 상황을 고려한 것이다. 온라인 가격의 반영 비중은 2012년에는 9.7%였으나 점차 확대 적용되어 2015년 기준에서는 14.7%까지 높아졌다.

헤드라인 물가와 근원물가

소비자물가지수에 포함된 항목 중에는 변동성이 큰 항목들이 있다. 대표적으로 농산물은 작황에 따라 가격 변화가 큰 편이다. 석유류도 변동성이 큰 품목으로 분류되는 것이 보통이다. 1970년대에는 글로벌 경제에 큰 영향을 준 오일 쇼크를 여러 차례 겪은 바 있다. 그에 비하면 지금은 석유류 가격의 변동성이 과거만큼 크지는 않다고 할 수 있겠다. 하지만 최근 10년만 하더라도 2011년의 MENA 소요 사태, 2015년의 국제유가 급락, 2020년 OPEC+의 감산 합의 실패 등 필자가 기억하고 있는 유가가 급등락한 사건도 꽤 많은 것을 보면 다른 품목에 비해 가격변동성이 크다는 점을 부인하기 어려울 것 같다.

앞서 소비자물가는 다수 품목의 가중평균으로 계산된다고 설명했다. 그런데 소비자물가의 어느 부분을 볼 것인가에 따라서 일부 품목을 제외한 지수를 산출할 수가 있다. 예를 들어 변동성이 큰 농산물과 석유류를 제외하여 산출한 물가지수는 물가의 기저 추세를 파악하는 데 적합하다. 이렇게 소비자물가 항목 중에서 농산물과 석유류를 제외한 지수는 'Core'라는 단어를 붙여서 Core CPI, 우리말로는 근원물가(또는 핵심물가)라는 표현을 쓴다. 본래의 소비자물가지수는 이 근원물가와 구분하기 위해 '헤드라인 물가'라는 표현을 쓰기도 한다.

중앙은행은 헤드라인 물가와 근원물가 중에서 어떤 물가지수를 중요하게 볼까?

"소비자물가지수를 활용하기 전 2006년까지는 근원인플레이션을 목표로 하고 있었지만 근원인플레이션이 일반 국민의 체감물가와 거리가 있다는 이유 때문에 소비자물가지수를 목표 대상 물가지수로 선정해서 활용하고 있습니다."

이 말은 한국은행의 홈페이지에서 찾을 수 있는 물가안정목표제에 대한 한국은행 정책분석팀장의 설명 일부를 발췌한 것이다.

이 설명을 통해 한국은행의 물가안정목표제가 목표로 하는 물가지수는 바로 '헤드라인 물가'라는 것을 확인할 수 있다. 하지만 중앙은행이 통화정책을 하는 목적은 경제 상황에 맞는 금리를 설정하기 위한 것이다. 변동성이 큰 부분을 제외하고 물가의 기저 추세를 파악하고 총수요의 물가 압력을 가늠할 수 있는 근원물가를 보는 것이 이 같은 목적에 더 부합한다. 기준금리를 결정하는 금융통화위원회의 의사록을 살펴봐도 위원들이 소비자물가보다 근원물가에 좀 더 주목해서 얘기하는 것을 확인할 수 있다. 다음은 한 금통위원이 근원물가와 관련해 발언한 부분을 2020년 1월 금통위 의사록에서 발췌한 것이다.

"만일 목표 수준 2%에서 이탈하여 이미 0%대 중후반으로 하락한 근원물가 상승률이 더욱 둔화될 경우 낮아진 인플레이션 기대가 고착되면서 상대적으로 작은 충격에도 디플레이션 우려가 확대될 가능성이 있다."

정부의 복지 정책이 강화되면서 근원물가에서도 관리물가를 제외한 근원인플레이션에 집중하는 위원도 있다. 물가에서 인위적인 요인들을 빼고 들여다봐야 보다 목적에 부합한 판단이 가능하다고 생각하기 때문일 것이다. 중앙은행의 통화정책에 있어서 근원물가가 더 중요한 것은 미국의 경우도 마찬가지다.

미국 연방준비제도(연준)의 목표는 ① 최대 고용과 ② 물가 안정이다. 이 두 가지 목표 중에서 물가의 경우 연준은 2%의 물가 상승률을 목표로 한다. 연준이 공식적으로 목표로 삼는 물가지표는 개인소비지출(PCE: Personal Consumption Expenditure) 지수이다.* 이는 우리나라 금통위에 해당하는 연방공개시장위원회(FOMC)가 인플레이션 목표치 2%를 처음 제시한 2012년 1월 성명서에 명시되어 있는 내용이다.

다음 기사도 참고해보자. 연준의 설명이나 기사 내용에서 알 수 있는 것은 명시적으로 헤드라인 물가지표가 중시된다는 것이다.

하지만 실제 정책으로 연결되는 상황을 고려하면 근원물가지표가 보다 유용함을 알 수 있다. 만일 근원물가지수가 아니라 헤드라인 지수에 근거해 통화정책을 결정했다면 미국의 2015년 기준금리 인상은 설명하기 어렵다. (미 연준은 금융위기 이후 2015년 12월 처음으로 기준금리 인상을 재개해 2016년 12월, 2017년과 2018년에는 각각 세 차례와 네 차례 기준금리 인상을 단행한 바 있다.) 2015년 연간 소비자물가 상승률은

연준 '물가 지표' 다시 보기…"근원 PCE 아닌 헤드라인 봐야"

배녹번 글로벌 포렉스의 마크 챈들러 수석 시장 전략가는 1일(현지시간) 자신의 블로그에 올린 글에서 일부 시장 참가자들이나 기자들이 연준의 인플레이션 목표치를 근원 PCE 가격지수라고 판단하고 있지만, 연준의 물가 목표치는 헤드라인 물가를 말하는 것이라고 말했다.

그는 연준이 간혹 근원물가를 언급하긴 하지만, 목표치는 분명 헤드라인 물가를 말하는 것이라며 직접 연준에 문의해 받은 답변을 공개했다.

– 《연합인포맥스》, 2019. 5.*

---

* http://news.einfomax.co.kr/news/articleView.html?idxno=402823

---

* PCE 지수는 CPI에 비해 포괄 범위가 넓고(주로 헬스케어 부문) 구성 항목도 소비자의 지출을 더 잘 반영하는 것으로 평가된다. 본래 CPI와 괴리가 컸지만 점차 그 차이는 감소하고 있다.

그림 1-22 미국 소비자물가지수 및 근원물가지수 추이

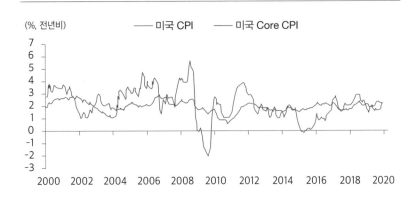

자료: US BLS

그림 1-23 미국 PCE 물가지수 및 근원 PCE 물가지수 추이

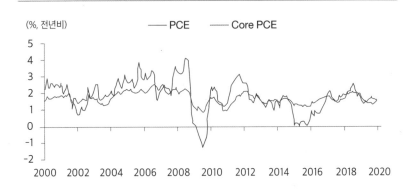

자료: US BLS

0.1% 상승에 그쳤고, 연준이 공식적으로 목표로 하는 PCE 지수의 연간 상승률은 0.2%에 불과했다. 2%의 인플레이션을 목표로 하고 있는 상황에서 0%에 근접한 물가 상황에서의 금리 인상은 설명이 되지 않는다. 이때 2015년 연간 근원물가지수는 1.8% 상승했고, 근원 PCE 지수 상승률은 1.2%였다. 중앙은행이 명목적으로는 헤드라인 물가를 목표로 삼고 있지만 통화정책 수행에 있어서는 결국 물가의 기저 추세가 중요하기 때문에 근원물가를 고려할 수밖에 없는 것이다.

주택 가격과 물가

소비자물가지수가 측정하고자 하는 것은 가계에서 소비하는 상품이나 서비스에 대한 소비지출이다. 그런데 주택 가격은 소비 항목으로 보기는 어렵고 보통은 자본재나 투자 자산으로 본다. 따라서 주택 가격이 소비자물가지수에는 직접 포함되지 않는다. 소비자물가지수에 포함되는 것은 주택 가격이 아닌 주거비다. 주거비는 일상생활을 영위하기 위한 서비스 비용으로 볼 수 있기 때문이다.

우리나라는 소비자의 주거비용으로 월세와 전세라는 항목을 소비자물가지수에 포함하고 있다. 표 1-8은 한국 소비자물가지수 내 주거 관련 항목 비중을 정리한 것이다. 전세와 월세 비중의 합은 전체 소비자물가지수에서 9.37%를 차지해 10%에 약간 못 미치는 수준이다.

주거비용을 소비자물가에서 어떻게 취급할 것인가에 대해서는 앞서 소개한 국제노동기구의 소비자물가지수 매뉴얼에서도 다양한 관

표 1-8 한국 소비자물가지수 내 주거 관련 항목 비중

구분	기준 연도	가중치	비중(%)
주택 임차료 - 전세		48.9	4.89
주택 임차료 - 월세		44.8	4.48
주거시설 유지·보수	2015=100	8.2	0.82
상하수도료		7.7	0.77
기타 주거 관련 서비스		20.3	2.03
합계		129.9	12.99

주: 소비자물가지수에서의 가중치는 전체 1,000을 기준. 위의 표에서는 전체를 100%로 두고 비중을 함께 표시함.
자료: 통계청

점의 접근 방법이 제시되고 있다. 국가에 따라 조금씩 차이는 있지만 '사용'의 관점으로 지수에 편입하고 있는 것이 보통이다. 다른 나라에서는 주거비를 물가지수에 어떻게 반영하고 있을까?

(1) 미국

미국도 한국과 마찬가지로 주택 가격이 물가지수에 포함되어 있지 않다. 미국에서 소비자물가를 조사하고 발표하는 노동통계국의 설명을 보더라도 한국과 비슷하다. 주택은 소비되는 물건이 아닌 자본재나 투자 자산이기 때문에 소비자물가지수에 포함되지 않는다는 것이다. 한국에서는 전세나 월세가 주거비용으로 소비자물가지수에 편입되어 있고, 미국의 경우는 주로 임대료가 소비자물가지수 산정에 이용된다.

이 부분에 대해서는 보충 설명이 더 필요할 것 같다. 미국은 주거지 임대(Rent of Shelter)라는 물가 항목에 Rent of Primary Residence(주거주지 임대)라는 항목으로 임대료가 포함되고 주택 소유자들에게는 OER(Owners' Equivalent Rent of Residences)이라는 개념을 적용해 그들이 주택 소유자임에도 살고 있는 주택에 대한 임대료에 상응하는 비용을 산정하게 된다. OER은 다음과 같은 질문을 통해 얻어낸 '임대를 가정한' 가상의 임대료 개념으로 보면 된다.

> "오늘 누군가가 당신의 집을 (가구와 전기·가스·수도 등 유틸리티 비용을 제외하고) 임차한다면, 얼마의 월세를 생각하시나요?"

미국의 소비자물가지수에서 주거지 임대는 약 8%, OER은 약 24%가 되기 때문에 총 32%의 비중을 차지한다. 한국의 소비자물가지수에서 전세와 월세 비중의 합이 10%가 약간 안 된다는 것과 비교하면 3배 이상의 높은 비중을 차지하고 있는 것이다.

(2) 일본

일본의 경우도 한국보다는 미국과 유사하다. 미국에 OER이 있다면 일본에는 가옥의 귀속 임대료라는 개념이 있다. 주택 보유자는 보유하는 집을 통해 서비스를 받고 있다고 생각할 수 있으며, 이 금액을 시장가격으로 평가해서 가계지출로 계상하는 개념이다. 일본 소비자물가지수에서 임대료가 차지하는 비중은 미국의 32%보다는 낮은 23% 정도이다. 그래도 10%에 약간 못 미치는 한국보다는 2배 이상 비중이 높다.

표 1-9 일본 소비자물가지수에 포함된 주거 관련 항목 비중

구분	비중(%)
주거	25.95
임대료	23.48
사적 임대료	4.51
공적 임대료	0.43
가옥의 귀속 임대료	18.54
수리 및 유지	2.47

자료: 일본 총무성 통계국

표 1-10 EU 국가의 HICP에 포함된 주거 관련 항목 비중

구분	비중(%)
임대료	6.51
수리 및 유지	1.32
수도	2.80
전기, 가스 등 연료	5.91

자료: Eurostat

(3) 유럽연합(EU)

EU 국가들이 사용하는 소비자물가지수는 HICP(Harmonised Index of Consumer Prices, 굳이 우리말로는 '소비자물가 조화지수'라 적기도 한다)라는 것이다. EU 국가들 사이에서는 기준이 같기 때문에 국가 간 비교가 용이하다. HICP에 주거비용은 임대료만 6.5% 반영할 뿐 소유자의 주택은 미국이나 일본과 달리 소비자물가지수에 반영하지는 않고 있다.

저물가 상황을 어떻게 바라봐야 할까?

소비자물가 상승률이 점차 낮아지고 있다. 지난해인 2019년 하반기는 물가에 대한 우려가 특히 높았다. 소비자물가 상승률은 2019년 8월 전년 동월비 -0.04%를 기록하고 9월에는 -0.43%, 10월에는

0.00%를 나타냈다. 상승률이 아닌 소비자물가지수 자체로 생각해보면 이 3개월간은 전년 물가와 그 수준이 동일하거나 그에 못 미치는 상황이 전개된 것이다. 2019년 한 해의 연간 물가 상승률도 2018년 대비 0.4%에 불과했다. 한국은행은 2016년 이후 소비자물가 상승률 2%를 목표로 하고 있지만 2013년 이후 물가 상승률은 2%를 줄곧 밑돌고 있다.

근원물가는 어떨까? 통계청이 발표하는 근원물가 상승률은 '농산물과 석유류 제외 소비자물가지수'이다. 2010년부터 OECD 기준으로 근원물가지표 한 가지를 더 발표하기 시작했는데 이는 '식료품과 에너지 제외 소비자물가지수'이다. 이 두 근원 물가지수는 지난해인 2019년 각각 0.9%, 0.7% 상승하는 데 그쳤다. 2016년부터 연간 2% 상승률보다 낮은 상황이 이어지고 있고, 의미있는 추세전환 없이 하락세가 이어지고 있는 상황이다. 변동성이 큰 부분을 제외하고 보더라도 물가의 기저 상승률은 이미 1% 이하인 것이다.

중앙은행이 물가 목표를 정하고 물가가 목표 수준을 크게 벗어나지 않도록 관리하며, 특히 낮은 물가 상승률을 경계하는 이유는 물가 하락을 동반하는 경기침체, 즉 디플레이션 가능성을 염려하기 때문이다. 일정 수준의 인플레이션이 유지되어야 경기침체에 빠지지 않는다는 것이 현재 대부분 중앙은행들의 생각이다. 그래서 1990년대부터 선진국은 물론 개도국들까지 중앙은행들이 '물가안정목표제'를 도입하고 있다. 중앙은행들은 이에 근거해 향후의 인플레이션을 예상하고 물가 상승률이 목표치에 수렴하도록 통화정책을 펴고 있다.

표 1-11 5년 단위로 살펴본 소비자물가 상승률

(단위: %)

	소비자물가	농산물 및 석유류 제외	식료품 및 에너지 제외
1990~1994	6.6	6.3	6.3
1995~1999	4.4	3.7	3.3
2000~2004	3.2	2.9	2.8
2005~2009	3.0	2.9	2.7
2010~2014	2.3	2.1	1.8
2015~2019	1.1	1.5	1.5

주 1. 농산물 및 석유류 제외 지수는 본래 통계청이 작성해오던 근원물가
주 2. 식료품 및 에너지 제외 지수는 OECD 방식의 근원물가
자료: 통계청

그림 1-24 소비자물가지수 상승률 추이

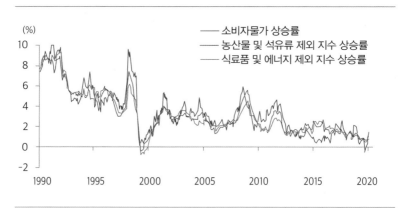

자료: 통계청

물가지수에 왜곡 요인이 있다는 것도 잘못된 지적은 아니다. 가장 많이 얘기하는 부분은 중국의 값싼 상품들이나 기술 발전에 따른 가격 하락 효과, '아마존 효과'라 얘기하는 유통비용 절감 등이다. 또

한국에서는 복지 정책 확대로 인해 정부가 직간접적으로 가격 상승을 억제하는 부분인 '관리물가'에 대한 논쟁이 있다. 그렇기에 상황을 좀 더 정확하게 보기 위해 다양한 물가지수가 고안되고 있다. 그런데 관리물가를 제외한 근원물가의 경우도 1% 초반인 상황이기 때문에 정부의 영향 때문에 물가가 낮으니 괜찮다고 하기도 어렵다.

한국의 물가 상승률이 향후에도 여전히 낮은 수준을 지속할까? 현재의 추세대로라면 아니라고 하기 어렵다. 물가지수에 왜곡 요인이 있는 것도 어느 정도 맞지만 지금처럼 물가안정목표제를 유지하는 이상 금리 인상으로의 정책 전환은 당분간 쉽지 않다는 판단이다.

그림 1-25 소매판매액지수 추이

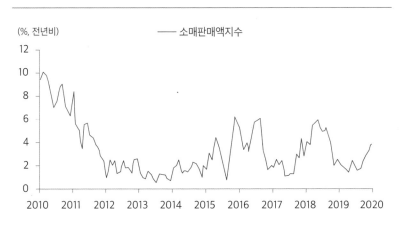

자료: 통계청

그림 1-26 설비투자지수 추이

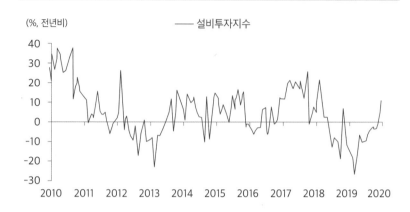

자료: 통계청

그림 1-27 기대인플레이션 추이

자료: 한국은행

한국의 금리, 앞으로의 예상

앞으로의 상황 전개는?

지난해부터 2020년에 대해 생각하며 예상했던 상황은 기준금리가 1% 정도로는 낮아질 것이란 점이다. 2019년 10월부터 한국의 기준금리는 1.25%였는데 이보다는 한 차례 정도 기준금리 인하가 추가로 단행되는 상황을 예상했던 것이다. 코로나19 사태로 금융시장이 혼란에 빠지고 임시 금통위를 통해 기준금리가 50bp 인하되어 이미 한국의 기준금리는 0.75%까지 낮아져 있다. 추가적인 인하 가능성도 열려 있다고 생각한다. 글로벌 리세션 우려가 높아진 상황에서 2015~2018년 주도적으로 금리 인상에 나섰던 미국은 재빠르게 기준금리 인하를 단행해 제로금리정책으로 복귀했다.

그림 1-28 글로벌 기준금리 변화

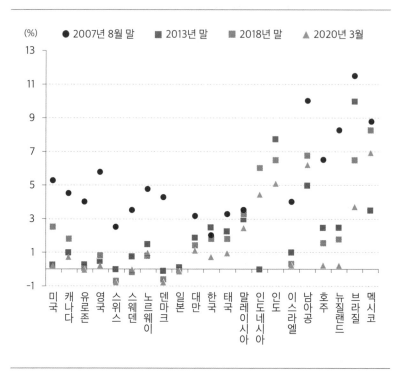

많은 국가들에서 이미 기준금리 인하 행렬이 이어지고 있다. 몇 년 전부터 한국과 기준금리 수준이 비슷했던 호주는 0.25%까지 기준금리를 낮췄다. 2020년 2월 한국보다 빨리 1.0%로 기준금리 인하에 나선 태국도 추가 기준금리 인하를 단행할 것으로 예상된다. 상당히 오랜 기간(3년 9개월) 1.375%로 기준금리를 유지하던 대만도 지난 3월 19일 기준금리를 1.125%로 25bp 인하했다.

2020년 올해 한국의 경제성장률은 코로나19 사태가 얼마나 장기화되느냐에 따라 달라지겠지만 0%대에 그치거나 마이너스일 가능성도 있다. 소비자물가 상승률은 지난해에 이어서 0%대를 벗어나지 못할 가능성이 높다. 코로나 19 이슈와는 무관하게 향후 2~3년을 바라볼 때 생산가능인구 감소 폭이 확대되는 구간에 진입했다는 점을 간과하기 어렵다. 현재의 사태가 마무리되면 큰 폭의 둔화 국면에서는 벗어나겠지만 그동안 이어져온 성장률 하락 추세에서 벗어나는 흐름을 기대하기는 어려울 것이다.

근원인플레이션 하락세가 이어지고 있다. 이는 수요 측면의 물가 압력이 약하다는 것을 의미한다. 인위적인 최저임금 인상 정책으로 지난 몇 년은 개인 서비스 부문의 물가 기여도가 높았지만 지속해서 높은 수준을 기대하기는 어렵다. 금융위기 이후 3년 뒤인 2011년에는 물가압력이 일시적으로 높았다. 한국만이 아니라 상당수의 국가들이 겪은 상황이다. 경기가 회복되면서 수요가 살아나고 원자재 가격도 크게 회복했었다. 금융위기에 대응하기 위한 통화와 재정 정책이 시차를 두고 큰 폭의 물가 상승률로 나타났던 것도 있다.

코로나19 사태가 저금리 상황을 앞당겼는데, 경제가 충격에서 벗어나는 경우 풀려 있는 유동성이 2011년 사례처럼 인플레이션을 만들어내고 글로벌 통화정책 기조도 점차 기준금리 인상으로 전환할 것이란 예상을 할 수 있을 것이다. 하지만 중앙은행은 그 같은 결정을 결코 쉽게 내리지 못한다. 미국은 1930년대의 대공황 경험 때문에 금리 인상에 나서더라도 금리 인상이 정말로 문제가 없을 것인지에 대해 꽤 오랫동안 살필 것이다. 금융위기 이후 미국이 금리 인상에 나서는 데 7년이나 걸렸던 것도 그 때문이라고 생각한다. 향후 미국 연준이 기준금리 인상을 시작하더라도 2015년 미국의 금융위기 이후 첫 금리 인상과 2016년 두 번째 인상에서 알 수 있듯이 본격적인 금리 인상까지 상당한 신중함을 보일 것이다. 2016년은 미국의 금리 인상이 지연된 원인으로 미국 대선을 지적하는 견해도 있지만 금리 인상으로 인한 달러 강세와 그로 인한 신흥국에서의 자본 유출과 같은 영향도 함께 고려되었을 것이다.

현 수준에서 금리가 더 낮아질까?

우리는 외환위기와 금융위기를 겪으면서 환율에 대한 트라우마가 생겼다. 우리 금융시장이나 대중들이 환율 변화에 민감하고 대외 건전성에 높은 관심을 기울이는 것도 이 때문이라 생각한다. 금리인하는 환율 상승을 자극할 수 있지만 지금은 전 세계가 전방위적으로 위기에 대응하는 단계이기 때문에 추가 인하 가능성은 열려 있다.

지금보다 더 낮은 수준의 저금리 상황이 진행될 것이라는 점에 대해 반론을 제기하는 사람들은 금리를 낮추는 것이 경제에 도움이 되느냐는 질문을 한다. 금리정책을 담당하는 정책자들은 이런 질문에 대해 '만일 금리를 낮추지 않았다면 상황은 더 악화되었을 것'이라고 답변할 것이다. 통화정책은 당연하지만 만능이 아니다. 이렇게 생각해보는 것은 어떨까? 금리를 낮추는 것은 경기를 회복시키기 위한 것이라기보다 상황에 맞게 대응을 하는 것이다. 겨울이 되면 옷을 따뜻하게 입고 여름이 되면 가벼운 옷차림을 하는 것처럼 말이다.

그림 1-29 2008년 금융위기 시점의 주가, 환율, 기준금리 추이

2008년 10월 27일
코스피지수가 장중 저점 892.16pt
한국은행 기준금리 인하: 5.0→4.25%

2008년 10월 30일
한미 통화스왑 체결

2008년 11월 7일
한국은행 기준금리 인하:
4.25→4.0%

2008년 12월 11일
한국은행 기준금리 인하: 4.0→3.0%

2009년 1월 9일
한국은행 기준금리 인하: 3.0→2.5%
2009년 2월 12일
한국은행 기준금리 인하: 2.5→2.0%

저금리정책에 대한 사회적인 저항도 상당히 있다. 낮은 금리는 가계부채를 증가시키고 부동산 가격만 급등시키는 부작용이 많은 정책이라는 시각이 적지 않은 것 같다. 하지만 자본 유출입이 자유로운 개방경제 국가에서 다른 국가의 행보와 동떨어진 통화정책을 하는 것 또한 쉽지 않다. 현재와 같이 신용 리스크가 부각될 수 있는 상황이라면 금리 인하를 통해 신용 경색을 완충할 필요가 있다.

채권 금리도 하락세에서 벗어나는 데는 상당한 시일이 걸릴 것으로 본다. 단기에 집중된 다양한 정책들이 금융시장 움직임을 확대시키고 있어서 혼란스럽긴 하지만 단기적인 흐름보다는 큰 흐름을 염두에 둔 대응이 필요한 때이다.

그림 1-30 금융위기 여파로 2008년 3분기부터 네 분기 연속 역성장한 미국

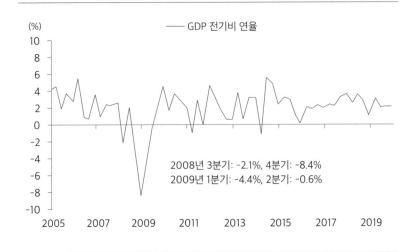

2008년 3분기: -2.1%, 4분기: -8.4%
2009년 1분기: -4.4%, 2분기: -0.6%

자료: St. Louis Fed

그림 1-31 미국 실업률, 얼마나 상승하게 될까?

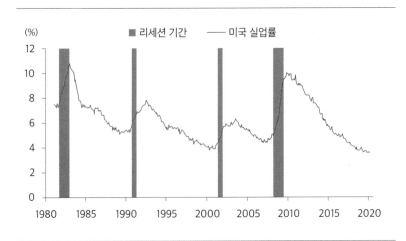

자료: New York Fed, BLS

표 1-12 연도별 한국 기준금리의 변화

연도	기준금리 결정	조정 횟수	연말 기준금리 (%)
2000	+25bp(2월 10일), +25bp(10월 5일)	2	5.25
2001	-25bp(2월 8일), -25bp(7월 5일), -25bp(8월 9일), -50bp(9월 19일)	4	4.00
2002	+25bp(5월 7일)	1	4.25
2003	-25bp(5월 13일), -25bp(7월 10일)	2	3.75
2004	-25bp(8월 12일), -25bp(11월 11일)	2	3.25
2005	+25bp(10월 11일), +25bp(12월 8일)	2	3.75
2006	+25bp(2월 9일), +25bp(6월 8일), +25bp(8월 10일)	3	4.50
2007	+25bp(7월 12일), +25bp(8월 9일)	2	5.00
2008	+25bp(8월 7일), -25bp(10월 9일), -75bp(10월 27일), -25bp(11월 7일), -100bp(12월 11일)	5	3.00
2009	-50bp(1월 9일), -50bp(2월 12일)	2	2.00
2010	+25bp(7월 9일), +25bp(11월 16일)	2	2.50
2011	+25bp(1월 13일), +25bp(3월 10일), +25bp(6월 10일)	3	3.25
2012	-25bp(7월 12일), -25bp(10월 11일)	2	2.75
2013	-25bp(5월 9일)	1	2.50
2014	-25bp(8월 14일), -25bp(10월 15일)	2	2.00
2015	-25bp(3월 12일), -25bp(6월 11일)	2	1.50
2016	-25bp(6월 9일)	1	1.25
2017	+25bp(11월 30일)	1	1.50
2018	+25bp(11월 30일)	1	1.75
2019	-25bp(7월 18일), -25bp(10월 16일)	2	1.25
2020	-50bp(3월 16일)	1	0.75 (3월 16일 기준)

자료: 한국은행

안전통화와 위험통화

안전통화(Safe-haven Currency)는 안전자산의 성격을 갖고 있는 통화를 말한다. 안전통화는 투자자들의 위험 회피 심리를 자극하는 이벤트가 발생했을 때 통화가치가 상승한다. 이러한 이벤트로는 기업이나 금융기관 파산과 같은 크레딧 리스크 발생, 전쟁이나 테러, 바이러스의 확산과 같은 예가 있다. 2001년의 9·11 테러, 2003년 사스(SARS) 확산, 2008년 리먼 브라더스 파산, 2020년의 코로나19 사태 등을 떠올리면 될 것이다.

안전통화의 지위를 지닌 통화는 어떤 것들이 있을까? 지난 10~20년 정도를 보면 일본의 엔화, 미국의 달러, 스위스의 프랑을 안전통화의 부류에 포함시킬 수 있다.

위험자산 회피 심리가 높아질 때 이러한 통화들이 강세를 나타내는 이유는 무엇일까? 자금의 유입과 유출의 관점에서 바라보면 이해하기 쉽다. 해외에서 유입된 자금이 많은 나라는 위기 상황에서 자금이 유출될 가능성이 높다. 반대로 해외로 투자된 자본이 많은 국가는 위기 상황에서 유출되는 자금보다 유입되는 자금의 규모가 더 많을 가능성이 높다.

한국에서 환율이 급등했던 사례는 대표적으로 1997년 외환위기와 2008년 금융위기를 들 수 있는데, 두 사례 모두 자본 유출에 원인이 있었다. 한국에서 해외로 투자해놓은 자산이 많았다면 빠져나가는 자금과 국내로 유입되는 자금이 상쇄되어 환율이 당시처럼 급등하지는 않았을 것이다.

유럽중앙은행의 2011년 1월 보고서 〈Getting beyond carry trade: What makes a safe haven currency?〉에서도 통화의 안전자산 지위에 있어서 대외순자산이 가장 강력한 요건이라고 결론지은 바 있다. 대외순자산은 한 국가의 거주자들이 해외에 투자한 금융자산과 외국인들이 그 나라에 투자한 금융자산의 차이('대외순자산=대외금융자산-대외금융부채')를 말한다.

안전자산 선호 이벤트가 발생했을 때 일본의 엔화는 강세를 나타내는 경우가 많았는데 일본은 순대외금융자산이 전 세계에서 가장 높은 국가로 꼽힌다. 일본은 원화로 환산하면 2018년 말 기준으로 3,634조 원의 순대외금융자산을 보유하고 있다.

스위스 프랑의 안전통화 지위도 스위스의 높은 대외순자산에 근거한다. 2008년 금융위기와 그 이후 남유럽 부채 문제가 부각되는 과정에서 스위스 프랑 강세에 대한 뉴스를 상당히 자주 접할 수 있었다. 한 나라에서 자본이 유출되면서 해당 국가의 통화가치가 낮아지는 것도 문제이지만 계속되는 자금 유입으로 통화가치가 지속해서 상승하는 것도 문제가 된다. 스위스는 해외에서 자본 유입이 지속되고 스위스 프랑의 강세가 이어지면서 수출 제품들이 가격 경쟁력을 잃는 문제가 야기되었다. 이에 대응해 스위스 중앙은행은 2011년 9월 예고도 없이 1유로당 1.2스위스 프랑으로 고정하는 최저환율제(페그제)를 도입해 유로화를 무제한 매입하는 방식으로 환율을 방어하기 시작했다. 하지만 유로화 가치는 계속 하락하고 있었고 유럽중앙은행도 완화적인 통화정책을 지속함에 따라 스위스 중앙은행은 더 이상 최저환율제를 고수하지 못하고 2015년 1월 최저환율제를 포기해버렸다. 스위스 중앙은행의 갑작스런 페그제 도입과 포기로 인해 스위스 중앙은행에 대한 정책 신뢰도는 예전만 못하다.

미국의 달러화는 기축통화라는 지위로 인해 미국의 순대외금융자산이 마이너스인 상황임에도 안전통화로 인식된다. 2011년 9월에는 국제신용평가사 S&P가 미국의 신용등급을 최상위인 트리플A(AAA)에서 더블A플러스(AA+)로 한 등급 강등하는 유래에 없던 일이 있었다. 이벤트 발생 초기에는 달러화가 약세를 보였지만 결국은 강세로 돌아서면서 달러의 안전자산 지위를 확인시켰다.

한국의 순대외금융자산은 2018년 말 기준으로 460조 원, 2019년 말 기준으로는 581조 원 수준이다. 2014년 2분기까지는 마이너스를 기록해오다가 2014년 3분기에 플러스(+) 1,829억 달러로 전환되고 규모도 매년 커지고 있다. 순대외금융자산의 증가는 금융기관의 해외 투자 확대와도 관련이 있다. 특히 국민연금이 상당히 중요한 역할을 하고 있다. 국민연금의 적립금 규모는 (2019년 10월 말 기준) 712조 원인데, 이 중 30%가량은 해외에 투자되고 있다. 한국의 순대외금융자산이 581조 원이라는 점을 고려하면 상당히 높은 비중이 국민연금의 해외 투자와 관련이 있다고 할 수 있는 것이다.

국민연금 연구원의 2018년 장기재정추계에 따르면 국민연금의 적립금 규모가

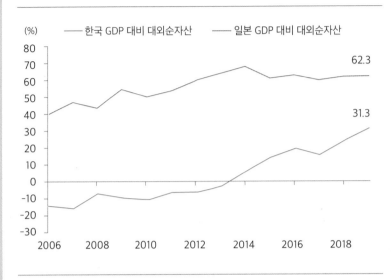

그림 1-32 순대외금융자산: 한국과 일본 비교

(%) ── 한국 GDP 대비 대외순자산 ── 일본 GDP 대비 대외순자산

62.3

31.3

자료: Bloomberg

2024년에는 1,019조 원에 이르게 된다. 국민연금의 자산 배분 계획을 보면 국민연금은 2024년까지 해외 투자를 50%까지 확대한다는 계획이다. 따라서 국민연금의 해외 투자 규모는 향후 4년간 500조 원 이상으로 빠르게 커지게 된다.

장기재정추계에 의하면 국민연금의 적립금은 2030년까지 현재의 2배 수준인 1,379조 원이 되고, 적립금 규모 증가세는 2041년까지 이어진다. 이러한 사실들이 맞다면 향후 20년 정도는 국민연금 때문에라도 순대외금융자산은 증가 추세에 있을 가능성이 높다. 연기금 외에도 보험사나 개인들의 해외 투자 또한 증가하는 추세이다. 한국의 저금리 기조가 빨라지면 이러한 변화는 더 빨라질 것이다. 순대외금융자산의 증가라는 관점에서 보면 한국의 원화는 앞으로 더 견고한 가치를 갖게 되지 않을까 한다. 안전통화와 반대로 위험통화는 위험 회피 심리를 자극하는 이벤트 상황에서 주로 약세를 보이고 변동성도 커지는 경향이 있다. 경상수지 적자가 지속되고 있는 국가나 펀더멘털이 약한 신흥국 통화, 원자재 통화 등을 예로 들 수 있다. 원자재 통화(Commodity

Currency)는 원자재 가격 변화와 동행성이 높은 통화를 의미한다. 원자재의 수출 비중이 높은 국가의 통화들을 원자재 통화로 보면 무리가 없다. 대표적인 예로는 브라질의 헤알이나 호주 달러를 들 수 있다.

안전통화나 위험통화와는 별개로 국제에서 각 통화들의 위상은 어떻게 차이가 날까? 이는 다음의 국제결제은행(BIS)에서 발표하는 자료를 참고하는 것이 좋다.

표 1-13 국제외환시장 내 통화별 거래 비중

(단위: %)

통화	2001	2004	2007	2010	2013	2016	2019
미국 달러	45	44	43	43	44	44	44
EU 유로	19	19	19	20	17	16	16
일본 엔	12	11	9	10	12	11	9
영국 파운드	7	8	8	7	6	7	7
호주 달러	2	3	4	4	5	4	4
캐나다 달러	2	2	2	3	3	3	3
스위스 프랑	3	3	4	3	3	3	3
중국 위안	0	0	0	1	1	2	2
기타 통화	11	11	14	13	12	12	14

주: 전체 합=100%
자료: BIS

PART 2

제로금리를
먼저 경험한 나라들

↻ 일본
잃어버린 시간들

제로금리 상황에 진입한 나라들은 이미 많다. 일부는 마이너스 금리정책을 사용하고 있으며, 일부는 마이너스 금리정책을 사용하다가 기준금리를 인상해 마이너스 금리정책에서 빠져나오는 시도를 하고 있다. 국가마다 다른 사정이 있을 것이다. 이러한 사례들을 들여다봄으로써 한국에서는 향후 어떤 상황의 금리 여건이 전개될지 생각해볼 수 있을 것이다.

버블의 형성과 붕괴

일본은 우리가 익히 잘 알고 있는 대표적인 제로금리의 사례 중 하나이다. 1980년대 자산 버블의 형성과 1990년대 버블 붕괴가 저금리의 배경이 되었다는 점은 이미 잘 알려져 있다. 이러한 일련의 사건 전개를 이해하기 위해서는 1985년 플라자 합의부터 살펴볼 필요가 있다.

먼저 미국의 상황을 보면 1980년대 초 높은 인플레이션을 억제하기 위해 실시한 긴축정책의 영향으로 달러 가치가 상승했다. 달러가치의 상승으로 미국산 제품은 가격 경쟁력이 약화되었고 수출 감소로 이어져 무역적자가 유발되었다. 이러한 배경에서 1985년 9월 미국 뉴욕의 플라자 호텔에서 G5국가(미국, 영국, 독일-당시에는 서독, 프랑스, 일본)의 재무장관과 중앙은행장들이 모여 환율시장 개입을 통한 달러화 약세에 합의하게 된다. 이것이 플라자 합의(Plaza Accord)이다.

그림 2-1 무역가중 달러지수 추이

(1973=100)　　　　　　　—— 무역가중 달러지수

자료: Federal Reserve Bank of St. Louis

플라자 합의의 영향으로 1986년 말까지 일본의 엔화는 46% 절상되었다. 높아진 엔화 가치는 일본의 수출과 성장에 타격을 주게 되는데, 이를 막기 위해 일본은행은 기준금리 인하를 단행한다. 당시 5%였던 기준금리는 1986년 1월부터 인하되기 시작해 1987년 2월까지 약 1년 만에 절반 수준인 2.5%로 낮아졌다. 이 과정에서 시중에 풀린 유동성으로 주식과 부동산 시장에 돈이 몰리면서 자산 버블이 형성되기 시작했다.

특히 1980년대 일본의 부동산 버블에 대한 자료를 찾아보면 재미있는 사실이 많다. 이미 13년 전인 2007년 KBS에서 방영한 KBS스페셜 〈욕망과 혼돈의 기록, 도쿄 1991〉은 당시 상황에 대해 다룬 바 있다. 해당 영상을 통해 알 수 있는 흥미로운 부분들을 짧게 적으면, 당시 일본의 시중은행들은 대출에 매우 적극적이었다. 부동산 평가액의 120%까지도 대출이 가능했고 A은행에서 상담을 받고 B은행에 가서 그 조건을 얘기하면 더 낮은 금리에 더 높은 한도를 제시하며 대출을 부추겼다. 도쿄, 나고야 등 6개 도시 지가 상승률은 1980년대 중반부터 1990년 초에 이르는 5~6년간 5배에 달했다. 부동산 지수상의 상승률이 이 정도였고, 도쿄의 일부 지역은 9배까지 상승한 곳도 있었다. 당시 부동산 투기와 대출에 대한 규제가 전혀 없었던 것은 아니었다. 일본 정부는 1987년 토지거래감시구역제도라는 것을 시행해 시중은행에 투기 목적 대출을 억제하라고 권고했지만 별 소용이 없었다.

일본 자산 버블의 붕괴는 금리 인상과 부동산 규제로 촉발되었

그림 2-2 주거용지 및 주택 가격 변화

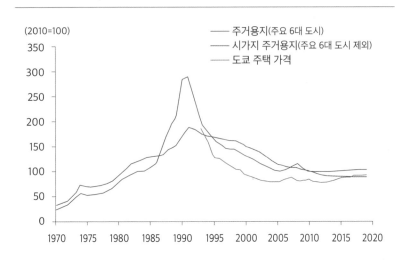

자료: 일본 부동산연구소, 토지종합연구소

다. 일본은행은 자산가격의 급등을 제어하기 위해 1989년 5월부터 1990년까지 금리 인상을 단행했다. 1990년 3월 4.25%까지 기준금리가 인상된 상황에서 주식시장은 하락하기 시작했다. 주식시장 하락에도 일본은행은 기준금리 인상을 이어갔다. 1990년 8월 일본의 기준금리는 6%까지 인상되었다. 이 과정에서 주식시장과 부동산 가격은 하락세에 접어들게 된다.

1990년 4월 시행된 부동산 관련 융자 총량규제*도 자산가격 하락의 또 다른 원인이다. 이 정책 시행 이후 은행들은 대출을 중단하기

---

* 부동산 관련 융자 총량규제: 은행·생명보험사·손해보험사의 부동산 대출 증가율을 총대출 증가율 이하가 되도록 하는 규제 조치

그림 2-3 일본 기준금리 추이

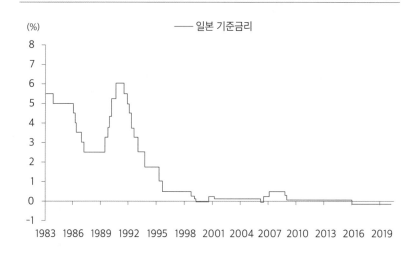

자료: 일본은행

그림 2-4 1990년 전후 일본의 대출 증가율

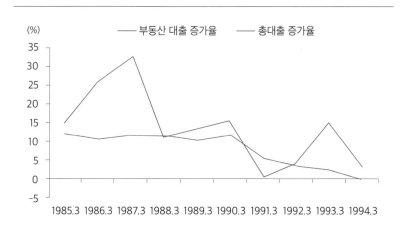

자료: 일본은행

표 2-1 일본의 파산 금융기관 수와 개인파산 신청 건수 추이

| 일본 1990년대 파산 금융기관 수 | | | | | 일본 개인파산 신청 건수 추이 | | | |
연도	은행	신용금고	신용협동조합	합계	연도	신청 건수	연도	신청 건수
1991~1994	1	2	5	8	1990	12,478	1996	60,291
1995	2	0	4	6	1991	25,091	1997	76,032
1996	1	0	4	5	1992	45,658	1998	111,067
1997	3	0	14	17	1993	46,216	1999	128,488
1998	5	0	25	30	1994	43,161	2000	145,858
1999	5	10	29	44	1995	46,487	2001	168,811

자료: 일본 예금보험기구   자료: 일본 최고재판소사무총국

시작했고 기존 대출들에 대한 상환 압력이 커지게 되었다. 부동산 가격이 하락세로 돌아서면서 일본의 토지 불패 신화가 깨지고 무리한 대출로 자산을 늘리던 기업과 개인들이 파산하는 사례가 많아졌다.

잃어버린 20년

1990년 버블 붕괴의 여파는 일본 경제 전반으로 확산되었다. 금융기관이나 일반 기업들의 파산이 늘어나면서 실업률이 높아졌다. 기업들은 직원들을 해고하고 임금 삭감을 단행하며 구조조정에 돌입하는 사례가 늘었다. 낮아진 임금으로 소득이 줄어든 개인들은 소비를 줄였고, 이에 따라 기업들의 매출이 감소하는 악순환이 반복되었다.

이 과정에서 일본에서는 저성장과 저물가의 환경이 이어졌다. 상

그림 2-5 일본의 소비자물가 상승률

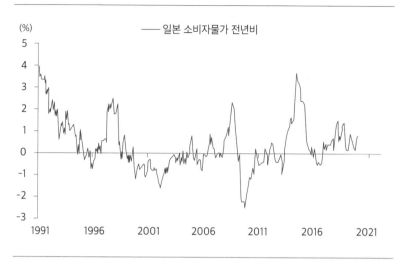

─── 일본 소비자물가 전년비

(%)

자료: 일본 총무성

황을 돌리기 위한 금리인하 정책은 제로금리(0%)로까지 이어졌다.
(기준금리는 1991년 7월 인하되기 시작해 4년 뒤인 1995년 4월 1%에 도달하
였다. 기준금리는 다시 반년 만인 1995년 9월 0.5%가 되었고, 또 다시 4년 뒤
인 1999년 10월에는 0%가 되었다.)

플라자 합의 이후 자산 버블의 형성과 붕괴, 제로금리정책의 도입
이 2000년 전까지의 일본의 상황이다. 이후 일본이 제로금리정책에
서 탈피하려는 시도를 하지 않은 것은 아니다. 몇 차례 시도를 했지
만 매번 실패했다. 2000년 8월 0%에서 0.25%로 기준금리 인상을 단
행했지만 이듬해인 2001년 2월에 다시 기준금리를 인하하고 중앙
은행이 자산을 매입해 시중에 유동성을 공급하는 양적완화 정책까
지 추가해야 했다. 당시 일본의 1차 양적완화는 40조 엔 규모의 채권

매입의 형태로 2001년 3월부터 5년간 이어졌다. 일본은행은 2006년 7월에도 다시 기준금리 인상을 시작해 2007년 2월에는 기준금리를 0.5%까지 인상했지만 2008년에는 미국발 금융위기 여파로 다시 0.1%로 인하해야 했다. 2010년부터 2012년까지는 101조 엔 규모의 채권 매입 형태로 2차 양적완화도 단행했다. 결국 일본의 기준금리는 1995년 9월 0.5%로 낮춰진 이후 단 한 번도 0.5%보다 높았던 적이 없었다.

과감해진 통화정책

현재의 아베 신조 총리가 임기를 시작하면서부터는 더욱더 대담한 통화정책이 도입되었다. 엔화 강세의 상황이 지속되면서 일본의 수출업체가 오랜 기간 고전하고 있었고, 2011년에는 도호쿠 대지진과 후쿠시마 원자력발전소 사고로 일본 경제는 더 큰 타격을 입었다. 2012년 12월 중의원 선거에서 아베 신조의 자민당은 정권을 탈환하면서 디플레이션을 탈피하겠다는 명확한 목표를 설정하게 된다.

일본은행의 구로다 하루히코 총재는 아베 총리의 경제 회생을 위한 무제한 자금 공급이라는 공약을 그대로 수용해 통화정책을 실시했다. 2008년 금융위기 이후 미국의 양적완화는 국채와 모기지 채권 매입에 국한된 것이었지만 일본은행이 양적완화를 통해 매입한 자산은 국채, 회사채, 상장지수펀드(ETF), 리츠(REITs, 부동산투자신탁) 등 광범위했다. 매입 자산의 대상 범위를 넓혔다는 점에서 QE(양적완화)

표 2-2 아베노믹스 금융완화 정책 추이

발표 시기	내용
2013년 4월	1차 양적·질적완화(QQE) • 중장기 국채 매입 규모 연간 60조~70조 엔 • ETF 연간 1조 엔 매입 • 부동산투자신탁(리츠) 연간 300억 엔 매입
2014년 10월	2차 양적·질적완화(QQE) • 중장기 국채 매입 규모 연간 80조 엔으로 확대 • 매입 채권 평균 만기 7년 → 최장 10년 • ETF 연간 매입 1조 엔 → 3조 엔 확대 • 부동산투자신탁(리츠) 연간 매입 300억 엔 → 900억 엔 확대
2015년 12월	금융보완책 발표 • 국채 매입 규모 연간 80조 엔 유지 • 장기 국채 매입 확대(편균 7~10년 → 7~12년) • ETF 연간 매입 3조 엔 → 3.3조 엔 확대 • 대출지원제도 2017년 3월까지로 1년 연장
2016년 1월	마이너스 금리(-0.1%) 도입, 단계별로 금리 차별화 ① +0.1% 적용: 2015년 평균 잔액에 기존 금리 수준 유지 ② 0% 적용: 지급준비금 및 일본은행 정책적 대출 잔액 ③ -0.1% 적용: 금융기관의 중앙은행 예치금 중 ①과 ② 제외한 부분
2016년 7월	ETF 매입 규모를 연간 3조 3,000억 엔에서 6조 엔으로 확대
2016년 9월	수익률 곡선 제어 정책(YCC: Yield Curve Control) 도입 단기금리를 -0.1%, 10년 만기 국채 금리를 0%로 유도
2020년 3월	ETF 매입규모 연 12조 엔으로 확대 금융기관에 달러 공급(323억 달러 규모)

자료: 일본은행

와는 조금 다른 이름, QQE(양적·질적완화)라 칭했다.

이러한 정책이 어느 정도의 성과는 있었다. 무엇보다 엔화 강세는 확실히 반전되었다. 2012년 달러당 엔화 환율은 연평균 79.8 수준이었으나 2013년에는 97.6, 2014년에는 105.9, 2015년에는 121.1까지 상승하게 되었다. 엔화 가치가 3년 만에 약 52% 절하된 것이다. 엔화 가치 하락으로 일본 수출업체들의 수익성이 개선되는 한편, 일본은행의 자산 매입, 일본 공적연금의 과감한 자산 배분 변화 등으로 일본의 주식시장도 큰 폭 상승했다.

이후에도 일본은 강력한 통화완화 정책을 이어가고 있다. 일본은행은 2016년 1월에는 마이너스 금리정책을 도입했고, 2016년 9월에는 '장단기 금리 조작 조건부 양적·질적완화' 정책을 도입해 장기금리에 대한 목표 수준을 직접 지정하는 등 이전에 없었던 새로운 실험들을 이어가고 있다. 달러당 엔화 환율은 2020년 초 기준 108.7 정도에서 등락하고 있다. 2012년과 비교하면 36%가량 엔화 가치가 낮아진 상황이 이어지고 있는 것이다. 하지만 여전히 2% 물가 상승률이라는 목표에는 도달하지 못하고 있기 때문에 자산 매입을 끝내고 기준금리를 인상하는 출국전략으로의 이행 시기는 가늠하기 어렵다.

↻ 미국
제로금리 탈출과 회귀

경제 대공황의 교훈 _____

미국의 통화정책은 전 세계가 주목한다. 미국이 기준금리를 인상하면 신흥국들은 자본 유출을 우려해 긴장한다. 반대로 미국이 기준금리를 인하하면 전 세계 중앙은행들이 금리 인하에 나설 여력이 높아져 궁극적으로 금리 인하가 전 세계로 확산한다. 그만큼 기축통화국인 미국의 통화정책은 파급력이 있다.

미국의 통화정책을 결정하는 중앙은행 체계인 연방준비제도는 1913년에 갖춰졌다. 그 이전에도 미국에서 중앙은행 역할을 한 국립은행에 대한 기록을 찾을 수 있지만 지금과 같은 체계를 갖추게 된 것은 연방준비제도의 탄생 이후이다.

미국의 통화정책을 얘기하는 데 경제 대공황 이야기를 빼놓을 수 없다. 아마도 20세기 금융사에서 가장 중요한 사건이 바로 경제 대공황이 아닐까 한다. 제1차 세계대전(1914~1918년) 이후 1920년대에는 미국의 경제 호황이 이어졌는데, 1929년에는 미국의 주식시장이 폭락하고 1930~1931년에는 지역 금융시장이 패닉에 빠지는 일련의 사건들이 이어지게 된다. 미국은 이때부터 1930년대 후반까지 대략 10년 동안 높은 실업률과 디플레이션을 동반한 경기침체를 겪게 된다.

이러한 경기침체의 배경은 무엇이었을까? 1920년대 후반부터 미국의 실물경제는 약화되고 신용은 계속해서 증가하고 있었는데, 연준은 1928년 3%였던 재할인률을 6%까지 인상하게 된다. 이후 연준은 금융시장 패닉과 경기침체에 대응해 재할인율을 다시 인하하고 1932~1936년에 걸쳐 국채 매입(이 시기 연준의 국채 매입에 대해 양적완화라는 용어를 사용하지는 않지만 실질적으로는 오늘날의 양적완화와 유사한 정책이었다)을 단행했다. 이 같은 통화정책과 루스벨트 대통령의 뉴딜 정책에 힘입어 1930년대 중반부터 미국의 경기는 회복세를 보이게 되었다. 경기 회복과 함께 나타난 물가 상승 압력에 대응하기 위해 연준은 지급준비율을 인상하며 출구전략에 나섰는데, 이는 1937~1938년 미국이 다시 경기침체에 빠지는 계기가 되었다.

벤 버냉키(Ben Bernanke) 전 연준 의장과 같은 통화정책 전문가들은 이 시기의 통화정책에 주목한다. 대공황이 초래된 배경에도 통화정책이 있었고, 대공황에서 벗어나는 데도 통화정책이 중요한 역할을 했기 때문이다. 2008년 금융위기 이후 제로금리정책을 장기간 유지하고 양적완화를 여러 차례 도입해 상당 기간 지속했던 이유는 경제 대공황 시기에서의 교훈 때문일 것이다. 이때 출구전략으로의 전환까지도 예상보다 오랜 시간이 걸렸고 매우 점진적이었다. 이 또한 섣부른 출구전략이 경기를 다시 침체에 빠뜨렸던 1930년대의 교훈이 영향을 미쳤다고 볼 수 있다.

현재 미국의 통화정책은 연방기금금리(Federal Fund Rate)를 중심으로 이뤄지고 있다. 연방기금(Federal Fund)은 금융기관 상호 간 1일 동안 대출하거나 차입을 하는 자금이다. 모든 은행은 총예금의 일정 비율을 연방준비제도에 예치해야 하는 의무가 있는데 은행들은 은행 간 연방기금을 대출·차입하여 지준을 맞춘다. 연방기금금리는 바로 여기에 적용되는 금리다. 대공황 당시에도 연방기금이라는 개념이 있었지만 거의 거래가 없었기 때문에 당시에는 재할인율(discount rate, 연준이 일반은행에 대출 시에 적용하는 금리) 정책이나 지급준비금(reserve requirement), 공개시장 운영 등이 연준의 주요 통화정책 수단이었다.

금융위기와 부활, 그리고 제로금리로의 회귀

미국의 제로금리정책은 서브프라임 모기지* 사태로 촉발된 2008년 금융위기 직후의 일이다. 서브프라임 모기지 사태의 원인은 신용등급이 낮은 사람들에게도 무분별하게 대출이 남발된 데 있었다. 대출금리보다 주택 가격 상승 속도가 빠를 때에는 아무 문제가 없었지만 집값이 하락하고 서브프라임 대출자들이 파산에 이르면서 부채담보부증권(CDO: Collateralized Debt Obligation, 금융기관이 보유한 대출채권이나 회사채 등으로 구성해 유동화시킨 신용파생상품)이 부실화되고 대부분의 자산이 CDO였던 리먼 브라더스**가 파산하기에 이른다.

미 연준은 물가 안정과 최대 고용이라는 두 가지 통화정책 목표를 갖고 있다. 2008년 리먼 브라더스의 파산으로 금융위기가 촉발되면서 기업들의 연쇄 파산에 대한 공포가 높아졌다. 기업의 구조조정으로 4%대였던 미국의 실업률이 단기간 내 10%에 도달할 정도로 실업 문제도 심각했다. 이에 대응해 2008년 미 연준은 기준금리라고 할 수 있는 연방기금금리 목표 범위를 0~0.25%로 과감하게 낮추는 제

---

* 서브프라임 모기지: 신용등급이 낮은 개인에 대한 주택담보대출을 말한다. 일반적인 프라임 모기지보다 2~3%p 금리가 높았다. 부동산 호황을 배경으로 대출회사가 개인소득을 서류 증명 없이 진술로 적용하는 등 개인 신용평가를 제대로 하지 않고 대출 요건을 크게 낮춰 경쟁적으로 대출했는데, 집값의 80% 이상 한도를 적용한 대출 비중이 60% 이상이었다고 한다. 서브프라임 모기지는 2004년 이후 크게 증가했다. 연체율은 2005년 말 11.6%였지만 2007년 3분기에는 16.3% 정도로 높아졌다.
** 리먼 브라더스: 파산하기 전까지는 158년의 역사를 지닌 미국 4대 투자은행이었다. 리먼 브라더스의 파산(2008년 9월 15일)으로 대형 금융회사 간의 자금 공여가 제한되어 글로벌 신용 경색의 시발점이 되었다. 서브프라임 사태로 둔화되기 시작한 세계 경제는 리먼 사태를 전후로 침체에 빠졌다(당시 OECD 34개국 중 30개국이 침체).

그림 2-6 미국 실업률과 물가 추이

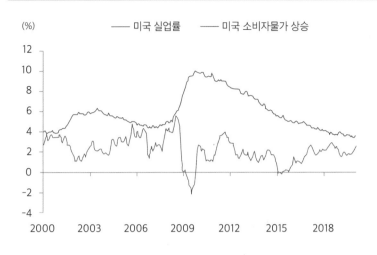

자료: Federal Reserve Bank of St. Louis

로금리정책을 도입하게 된 것이다.

연준은 제로금리정책 도입과 함께 양적완화를 시행해 시장에 유동성을 직접 공급했다. 2008년부터 2010년까지는 1조 7,000억 달러 규모로 1차 양적완화를 시행했고, 2010년 11월부터는 6,000억 달러 규모의 2차 양적완화를, 2012년 9월부터는 매월 850억 달러에 이르는 3차 양적완화를 단행했다. 2011년 10월부터 2012년 6월까지는 과거 1960년대에 사용하기도 한 정책인 오퍼레이션 트위스트(Operation Twist, 중앙은행이 단기국채를 팔고 장기국채를 사서 장기금리를 낮추고 수익률 곡선이 평탄화되도록 유도하는 정책)를 실시하기도 했다.

미국은 과거의 금융위기를 딛고 일어섰다고 할 수 있었다. 미국의

그림 2-7 미국의 서브프라임 대출 연체율

(%) ——— 서브프라임 대출 연체율

자료: Federal Reserve Bank of St. Louis

경제성장률은 회복되었고 실업률은 역사적 최저치까지 낮아졌기 때문이다. 2008년 금융위기 직후 '이제 미국의 시대가 끝났다'는 평가가 많았음을 떠올려보면 10년도 안 되는 기간 동안 극적인 변화가 있었다고 할 수 있다. 미국 경제가 회복된 배경에는 재정지출 확대*나 감세 정책,** 규제 완화, 셰일 혁명을 통한 에너지 원가 하락, 리쇼어링(reshoring, 해외에 진출한 국내 제조기업을 다시 국내로 돌아오도록 하는 정책) 정책 등 많은 요인이 기여했다.

＊ 재정지출 확대: 2009년의 미국 경제회복 및 재투자법(American Recovery and Reinvestment Act)은 미국 경제를 회복시키기 위해 대규모의 재정을 투입한다는 내용이다.
＊＊ 감세 정책: 미국의 민주당은 전통적으로 세금을 감면하는 정책과 거리가 있었지만 금융위기 직후 출범한 오바마 정부는 미국 경제 재건을 위해 감세 정책도 활용했다.

이 과정에서 통화정책을 통한 약달러, 저금리정책 또한 중요한 역할을 했음을 부인하기 어렵다. 미국 경제가 살아나면서 미 연준은 양적완화를 중단하고 2015년부터 기준금리 인상에 나서기 시작해 제로금리였던 연방기금금리는 2018년 말 2.25~2.50%가 되었다.

2019년에는 미-중 무역 관계의 악화, 제조업 지표의 둔화, 장단기 스프레드의 역전 등을 배경으로 미 연준은 다시 세 차례의 기준금리 인하를 단행하고 매월 600억 달러의 국채를 매입하는 유동성 공급 확대도 재개했다. 이 같은 2019년 미국의 기준금리 인하는 '보험적' 성격이 강조되었다. 미국의 경기 상황은 양호하다는 평가를 받았지만 경기 호황을 최대한 장기간 끌고 가기 위해 기준금리 인하를 단행한 것이다.

연준이 세 차례의 기준금리 인하를 단행한 이후는 추가 금리인하에 대한 기대감이 크지 않았다. 하지만 2020년 들어서 코로나 19 사태가 확산되면서 경기침체에 대한 우려가 높아졌고 연준도 추가로 대응에 나서게 되었다. 우선 연준은 2020년 3월 두 차례의 긴급 회의를 통해 총 150bp의 기준금리 인하를 단행해 제로금리로 회귀했다. 또 7,000억 달러 규모의 국채와 모기지 채권을 매입하는 양적완화도 발표했다. 그 이후에도 주가가 하락세를 이어가고 신용 스프레드가 불안한 움직임을 보이는 등 금융시장 불안이 계속되자 연준은 무제한 자산 매입을 선언하고 세 가지 비상기구(PMCCF, SMCCF, TALF)를 두기로 하는 등 다양한 시장 안정화 조치를 이어가고 있다.

미국의 금융위기와 일본의 부동산 버블 붕괴 비교 ───────

미국의 서브프라임 모기지 사태로 인한 금융위기는 부동산과 관련한 과도한 신용 팽창과 자산가격 하락이라는 측면에서 일본의 부동산 버블 붕괴와 유사점이 있다. 버블 붕괴 시점에서의 일본의 정책 대응과 비교하면 미국의 금융위기 사례에서는 제로금리정책을 곧바로 도입하고 재정정책도 충분히 활용하여 빠르게 대응했다는 점에서 차이가 있다.

일본의 주택 가격은 20년 이상 하락세가 지속된 반면 미국의 주택 가격은 금융위기 이후 5년간 하락하다가 상승세로 전환해 현재는 전고점을 크게 상회하는 수준까지 이르렀다. 정책 대응이 빨랐던 만큼 회복세도 빨랐다.

그림 2-8 미국 주택가격지수(일본과 비교)

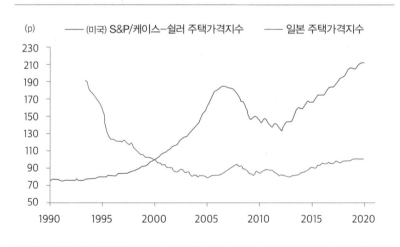

자료: Federal Reserve Bank of St. Louis, 일본 부동산연구소

그림 2-9는 미국의 금융위기 이후부터 현재에 이르는 시기의 금리 변화를 일본의 1990년부터 현재 시점까지의 약 30년에 걸친 기간과 비교한 것이다. 일본은 제로금리를 벗어나려는 노력을 여러 차례 했음에도 매번 실패했고 현재는 마이너스 금리정책까지 도입한 상황이다. 미국은 제로금리에서 성공적으로 벗어났었지만 기준금리는 2.5%가 고점이었고, 10년물 국채 금리는 3%를 크게 벗어나지 못했

그림 2-9 일본과 미국의 통화정책(일본 자산 버블 붕괴와 미국 금융위기 이후 비교)

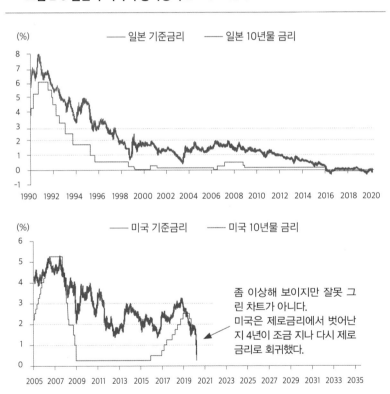

자료: Fed, BoJ

표 2-3 미국발 금융위기 전후 주요 사건 및 통화정책 추이

	주요 내용
2007년	• 2월 HSBC 모기지 손실 발표 • 6월 베어스턴스 자산운용 산하 헤지펀드 대규모 손실 • 9월 미국 연준, 기준금리 인하(5.25% → 4.75%)
2008년	• 1월 BOA, 모기지 업체 컨트리와이드 인수 • 3월 미 연준, 베어스턴스 지원안 발표(베어스턴스에 290억 달러 긴급자금 지원을 결정했고, JP 모건 체이스가 베어스턴스를 인수하도록 도왔음) • 4월 버냉키 의장 상하원 합동 경제위원회에서 "리세션 가능성 배제할 수 없다"고 언급 • 9월 리먼 브라더스 파산보호 신청 　미국 정부, 주택담보대출 업체 패니메와 프레디맥 공적관리 개시 • 11월 미국 연준, 1차 양적완화 발표, 2010년 1분기까지 1조 7,000억 달러 투입 • 12월 미국 연준, 제로금리정책 도입
2009년	• 1월 버락 오바마 취임 • 2월 오바마 미국 경제회복 및 재투자법(American Recovery and Reinvestment Act of 2009) 서명. (8,310억 달러 규모의 경기부양 법안)
2010년	• 11월 미국 연준, 2차 양적완화 발표. 6개월간 6,000억 달러 규모
2011년	• 8월 신용평가사 S&P, 미국 신용등급 강등(AAA → AA+) • 11월 오퍼레이션 트위스트 발표(2012년 6월까지 6~30년 국채 4,000억 달러 규모 매입, 3년 미만 단기국채 매도
2012년	• 6월 오퍼레이션 트위스트 연장(2012년 12월까지 2,670억 달러 규모) • 9월 미국 연준, 3차 양적완화 발표. 매월 400억 달러 규모 모기지채권 매입 • 1월 미국 연준, 점도표(Dot Plot)를 도입하고 발표하기 시작 • 12월 미국 연준, 3차 양적완화 추가(3.5차 양적완화). 매월 450억 달러 규모 국채 매입
2013년	• 5월 버냉키 연준 의장 '테이퍼링(Tapering, 양적완화 축소)' 언급 • 12월 테이퍼링 결정(이후 2014년 1, 3, 4, 6, 7, 9월 회의에서 자산 매입 규모를 100억 달러씩 추가로 축소)
2014년	• 2월 재닛 옐런, 연준 의장으로 취임 • 10월 양적완화 종료 선언(11월부터 자산 매입 종료)
2015년	• 12월 미국 연준, 기준금리 인상(제로금리정책 종료)
2016년	• 9월 미국 실업률, 금융위기 이전 수준 회복(4.9%) • 미국 연준, 12월 추가 기준금리 인상(0.25~0.50% → 0.50~0.75%)
2017년	• 3, 6, 12월 미국 연준, 기준금리 인상(연말: 1.25~1.50%) • 9월 연준의 대차대조표 축소 시작
2018년	• 3, 6, 9, 12월 미국 연준, 기준금리 인상(연말: 2.25~2.50%)
2019년	• 7, 9, 10월 미국 연준, 기준금리 인하(연말: 1.50~1.75%) • 9월 대차대조표 축소 중단(매월 600억 달러 미 국채 매입, 최소 2020년 상반기까지)
2020년	• 2월 코로나 사태 확산과 관련해 G7 재무장관 중앙은행장 회의에서 공동성명 발표 • 연준은 경기를 지원하기 위해 "적절히 대응하겠다(act as appropriate)"는 성명 발표 　(해당 표현은 2019년에도 기준금리 인하 신호로 사용되었기 때문에 금리 인하 시사로 해석) • 3월 3일 연준, 금융위기 이후 처음으로 긴급회의를 통해 50bp 기준금리 인하 • 3월 15일 연준, 긴급회의를 통해 100bp 금리 인하와 7,000억 달러 규모 양적완화 발표 • 3월 23일 연준, 무제한 자산매입을 선언, PMCCF, SMCCF, TALF 등 도입

다. 그 이후 미국은 앞에 설명한 것처럼 다시 제로금리로 회귀한 상황이다.

1930년대 경제 대공황이나 일본의 부동산 버블 붕괴, 2008년 미국의 금융위기 사례는 신용의 팽창과 자산 버블의 붕괴로 인한 경기침체라는 점에서 공통점이 있다. 이러한 사건이 한 번 발생하면 해결이 결코 단순하지 않다. 대응이 잘못되면 대공황이나 일본의 사례와 같이 경기침체가 장기화될 가능성도 있다. 그래서 정책자들은 신중한 대응을 하려는 경향을 보이게 되는 것이다.

트럼프는 재선에 성공할 수 있을까?

구조화 상품 중에는 새로운 아이디어로 탄생한 것들이 있다. 미국 트럼프 대통령의 2020년 재선과 관련해서 만들어진 상품도 있다. 스위스 줄리어스 베어(Julius Baer) 그룹이 발행한 '공화당의 승리(Republican Victory)'와 '민주당의 승리(Democrat Victory)'라는 상품이다. 2020년 대선에서 미국 민주당이 승리할지, 공화당이 승리할지(즉 트럼프 대통령이 재선에서 승리할지) 각각의 경우에 대해 수혜를 볼 수 있는 주식들을 묶어 하나

표 2-4 구조화 채권 '민주당의 승리'와 '공화당의 승리'에 포함된 종목들

'민주당의 승리'에 포함된 종목	'공화당의 승리'에 포함된 종목
Home Depot Inc	American Express
McDonalds Corp	Citigroup Inc
Simon Property Group	Alphabet Inc
The Coca-Cola Co	Salesforce.com Inc
Estee Lauder	Merck & Co
Aptiv PLC	ConocoPhilips COP
Nortolk Southern Corp	Facebook Inc
CSX Corp	Visa Inc
Ford Motor Company	Gilead Sciences Inc
Exelon Corp	Marathon Oil Crop
Wal-Mart Stores Inc	PayPal Holdings Inc
NexEra Energy Inc	QUALCOMM Inc
Constellation Brands Inc	Honeywell International Inc
SunPower Corp	Amazon.com Inc
First Solar Inc	Chevron Corp

주: 'Democrat Victory', 'Republican Victory' 각각의 바스켓 종목
자료: Julius Baer

의 상품으로 만든 것이다.

2020년 1월 29일 발행된 만기 1년의 이 상품의 투자 성과는 각각의 상품이 구성하고 있는 주식의 가격에 연동된다. 1년 동안의 주가 변화를 동일하게 가중평균해 상승률이 구해지는 것이다. 상품에 포함된 종목은 표 2-4와 같이 각각 15개씩이다.

해당 주가들을 이용해 두 구조화 상품의 상대적 비율을 살펴보면 어떨까?

'Republican Victory'와 'Democrat Victory' 가격 모두 최근 미국 주식시장 급락으로 인해 동반 하락세를 보이긴 했다. 그런데 'Republican Victory' 가격이 상대적으로 덜 하락해서 'Republican Victory / Democrat Victory' 비율이 1 이상으로 높아진 점을 주목해볼 수 있다. 수혜주들이 말해주는 대선의 결과는 Republican Victory(공화당의 승리), 곧 트럼프의 승리일 가능성이 높다는 것이다. 수혜주들이 나타내는 대선의 결과가 실제의 결과와 일치하게 될까? 2016년 미국 대선에서도 상당한 이변이 연출되었다는 점을 생각하면 단정 지어서 얘기하기 어렵다. 하나의 참고 지표로 대선까지 이 비율의 흐름을 살펴보는 것은 흥미로운 일이 될 것이다.

그림 2-10 공화당의 승리 / 민주당의 승리 비율 추이

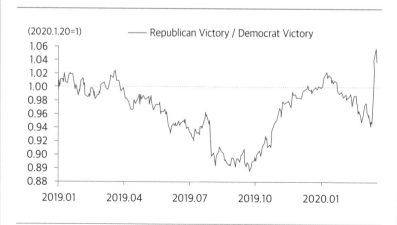

유럽
가능하기 힘든 출구

유로화로 묶인 경제

유럽은 현재 일본과 함께 전 세계에서 가장 완화적인 통화정책을 펴고 있는 지역이다. 유럽 대부분의 국가에서는 대체로 다른 지역 대비 현저하게 낮은 수준의 금리 상황이 이어지고 있다.

유럽중앙은행(ECB)은 1998년에 출범했다. ECB는 EU 회원국의 중앙은행들이 각국의 인구와 GDP 비중에 따라 출자한 형태이다. ECB는 유로화 도입 국가를 대상으로 통화정책을 수행하고 있는데, 안정 지향적 통화정책 전략(a stability-oriented monetary policy strategy)이라는 통화정책 체계를 수립해 물가의 안정을 최우선 목표로 규정하고 있다.

'유로화'라는 단일통화는 1999년에 공식적으로 도입되고 2002년 1월부터 주화와 지폐가 발행되어 사용되기 시작했다. 단일통화의 사용은 유럽 국가들 사이에서 금융이나 상품 거래의 장벽을 낮추는 장점이 있다. 하지만 유럽의 중심 국가와 주변 국가의 불균형을 확대시킬 수 있다는 문제도 있다.

독일은 국제 무역에서 경쟁력이 높지만 포르투갈, 이탈리아, 스페인, 그리스 등은 경쟁력이 낮다. 이러한 유럽의 주변국은 경상수지 적자가 커지더라도 자국 통화가 아닌 유로화라는 통화를 공동으로 쓰고 있기 때문에 환율 변화에 따른 대외 균형의 회복을 기대할 수 없다.

또한 과거에는 유로존 국가들의 국채금리가 경제 펀더멘탈에 따라 차별화되어 있던 상황이었지만 유로화 도입 이후에는 비슷한 수

그림 2-11 GDP 대비 경상수지 비율

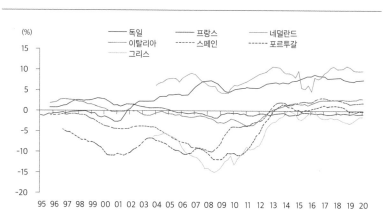

그림 2-12 10년물 국채 금리 비교

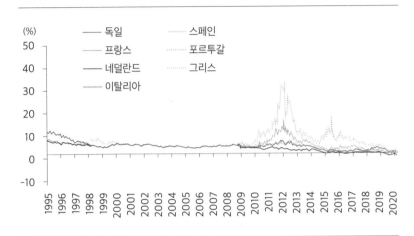

준으로 수렴하여 유럽 주변국들의 부채가 신용등급에 비해 과도하게 증가하는 배경이 되었다.

미국의 금융위기 이전까지 유로존의 문제는 크게 부각되지 않았다. 하지만 미국의 금융위기로 신용 리스크가 커지면서 재정건전성이 크게 악화된 유럽 주변국의 국채 금리가 급등함에 따라 유럽의 재정위기가 부각되었다. 2010년 5월 그리스가 구제금융을 신청한 것을 시작으로 2010년 11월에는 아일랜드가, 2011년 4월에는 포르투갈이 구제금융을 신청했다.

또한 2011년 말부터 2012년은 유럽에서 경기침체가 확산되어 ECB가 대응에 나서게 되었다. 증권 매입 프로그램(SMP: Security Market Programme), 장기대출 프로그램(LTRO: Long Term Refinancing

Operation), 양적완화(ECB가 사용하는 양적완화의 공식 명칭은 APP, 즉 Asset Purchase Programme이다), 마이너스 금리정책 등 도입된 정책의 종류도 다양했다.

ECB의 금리정책

ECB가 정책적으로 결정하는 금리를 설명하면, 기준금리에 해당하는 것은 리파이낸싱 금리(main refinancing operations)로 레피(refi)라고 부르기도 한다. 레피는 시중은행이 ECB에서 돈을 일주일간 빌릴 때 적용되는 금리인데, 채권과 같은 담보가 필요하다. ECB는 레피를 지속적으로 인하해 2016년 3월 0%가 되었고 2020년 초인 현재까지도 0%를 유지하고 있다. ECB가 정책적으로 결정하는 금리는 이외에도 다음 두 가지가 더 있다.

수신금리(deposit facility rate): 현재 -0.5%
시중은행이 ECB에 하루 동안 돈을 예치할 때 적용되는 금리다.

한계대출금리(marginal lending facility rate): 현재 0.25%
시중은행이 ECB로부터 하루 동안 돈을 빌릴 때 적용되는 금리를 말한다. 레피와 마찬가지로 담보가 필요하다.

수신금리는 2014년 6월 ECB가 -0.1%로 낮춰 마이너스가 되었다. 이후 2014년 9월부터 2019년 9월에 걸쳐서 0.1%씩 네 차례 더 인하되어 현재 -0.5%인 상황이다. 세 정책금리 중 가장 낮은 금리인 수신금리의 마이너스 폭이 점점 더 확대되고 있다. 그렇다고 해서 ECB가 마이너스 금리정책에 대한 부작용을 우려하지 않고 있는 것은 아니다. ECB가 수신금리를 -0.4%로 인하한 시점이 2016년 3월이었고 다시 추가 인하에 나선 시점이 그로부터 3년 반이나 지난 2019년 9월이었다는 점을 보더라도 상당히 신중하게 마이너스 금리정책을 사용하고 있음을 알 수 있다.

또 ECB는 -0.5%로 금리 인하를 단행하면서 2단계 티어링 시스템(Tiering System, 계층 체계)도 도입했는데, 이는 필요 지준의 6배까지는 0%의 금리를 적용하고 그 이상의 초과 지준에 대해서만 마이너스 수신금리를 적용하는 방식이다. 티어링 시스템 도입 전에는 초과 지준에 대해 일률적으로 마이너스 수신금리를 부과했지만, 금리를 차등적으로 적용해 마이너스 금리가 적용되는 범위를 줄인 것이다. 이렇게 하면 마이너스 금리정책에 대한 은행권의 부담을 줄일 수 있다.

ECB는 마이너스 금리정책 외에도 2015년 3월 이후 양적완화 정책을 사용하고 있다. ECB는 2018년부터 자산매입 규모를 줄이다가 2018년 말에는 양적완화를 중단했는데, 이후에도 경기와 물가 부진이 이어지자 2019년 9월에 양적완화를 재개했다. 일본의 경우도 그렇지만 유럽도 저물가와 저성장에 대한 우려가 장기화되고 있다. 상당한 기간 동안 완화적인 통화정책을 지속하고 있지만 상황이 개선된다는 신호가 약하다.

유로존은 통화 동맹을 이루고는 있지만 재정은 통합되어 있지 않

그림 2-13 ECB의 주요 정책금리 추이

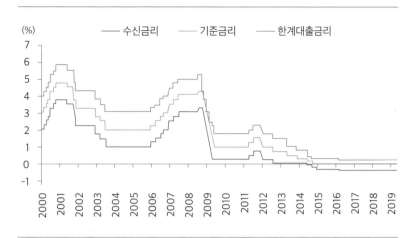

자료: ECB

그림 2-14 ECB 자산 매입 중단했다가 2019년 11월부터 재개

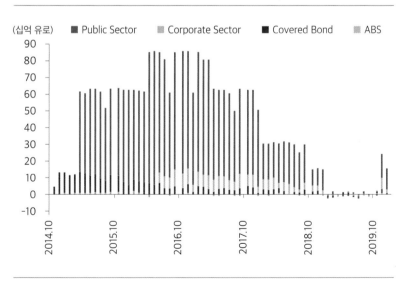

자료: ECB

고, 노동의 이동도 아주 자유롭지 않다. 따라서 다양한 불균형이 누적되더라도 해소되기가 쉽지 않다. 이 같은 근본적인 문제들을 안고 있는 유로존이 언제쯤 출구전략에 나설 수 있을지는 가늠조차 하기 어렵다.

　ECB는 2020년에 들어서도 완화적인 통화정책 기조를 이어가고 있다. 3월 12일에는 자산매입 규모를 확대한다고 발표했으며 (기존 매월 200억 유로 규모 매입에 연말까지 1,200억 유로 추가), 3월 18일에는 7,500억 유로 규모의 팬데믹 긴급매입프로그램(PEPP, Pandemic Emergency Purchase Programme)을 추가로 발표했다.

이스라엘
한국이 참고하기에 흥미로운 사례

디플레이션과 0.1%의 기준금리

이스라엘은 우리에게 생소한 국가이다. 지리적으로도 멀고 분쟁이 많은 중동 지역에 위치한 탓에 여행을 가겠다고 관심을 갖는 경우도 드물다. 제로금리를 얘기할 때 이스라엘은 상당히 흥미로운 사례이다. 이스라엘의 기준금리는 현재 0.25%이다. 지금도 기준금리가 낮지만 2015년부터 2018년까지 4년간은 0.1%로 더 낮았다.

이스라엘의 여러 상황을 살펴보면 한국과 유사한 측면을 발견할 수 있다. 이스라엘은 GDP 대비 수출 비중이 높다. 한국의 GDP 대비 수출 비중은 42%인데 이스라엘의 경우도 31%로 높은 편이다. 중국이나 일본도 수출 비중이 높다고 할 수 있지만 이들 국가의 GDP 대비 수출비중은 20% 이하로 한국의 절반 수준에도 미치지 않는다.

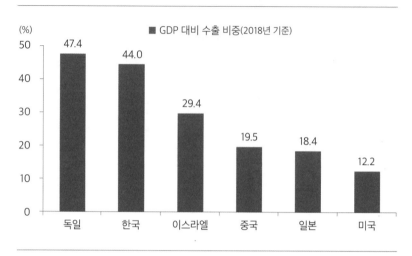

그림 2-15 GDP 대비 수출 비중 비교

(%)
■ GDP 대비 수출 비중(2018년 기준)

독일 47.4 / 한국 44.0 / 이스라엘 29.4 / 중국 19.5 / 일본 18.4 / 미국 12.2

자료: The World Bank Group

  이스라엘은 한국처럼 소규모 개방 경제의 나라이다. 중동권에서는 유일하게 OECD 회원국이면서 한국을 포함해 미국, EU, 캐나다, 멕시코 등 다양한 지역과 자유무역협정(FTA)을 맺고 있다.

  한국과 이스라엘의 기준금리 수준을 과거부터 비교해보면 유사하다고 볼 수 있는 측면도 있다. 금융위기 이전 기준금리 고점은 이스라엘과 한국 모두 5%대로 높았다. 한국은 2008년 5.25%까지 기준금리 인상을 단행했는데 이스라엘의 기준금리 고점은 5.5%로 한국과 비슷했다. 금융위기에 대응한 금리 인하 이후에는 대부분의 국가가 높은 물가로 기준금리 인상을 단행했는데 2010~2011년 한국과 이스라엘도 금리 인상을 단행했었다. 2011년의 기준금리 고점은 한국과 이스라엘 모두 3.25%였다는 점도 동일하다.

그림 2-16 이스라엘과 한국 기준금리 비교

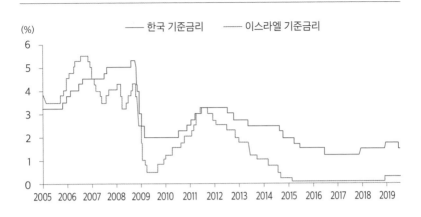

자료: 한국은행, 이스라엘 중앙은행

　이스라엘은 이후 금리 인하를 지속해 2014년에는 0.25%까지 기준
금리를 인하했고 이듬해에는 추가로 15bp 인하를 단행해 0.1%까지
기준금리가 낮아졌다. 한때 한국과 비슷한 기준금리의 국가가 이제
는 한국보다 현저하게 낮은 기준금리 정책을 사용하고 있는 것이다.

　이스라엘의 기준금리가 0%대로 진입한 2014년의 통화정책 보고
서들을 살펴보면 이스라엘의 저금리정책에서 가장 큰 원인은 낮은
물가에 있었음을 알 수 있다. 이스라엘 중앙은행이 설정하고 있는 물
가 목표는 1~3% 범위다. 이스라엘의 소비자물가 상승률이 2014년
하반기 마이너스에 진입하고 물가 상승에 대한 기대가 약해지자 이
스라엘 중앙은행은 이에 대응하여 거의 제로(0)에 가깝게 기준금리
를 낮추게 된 것이다.

　당시 이스라엘 중앙은행의 통화정책 보고서에는 0.5%까지의 기

그림 2-17 이스라엘의 성장률과 물가, 그리고 기준금리

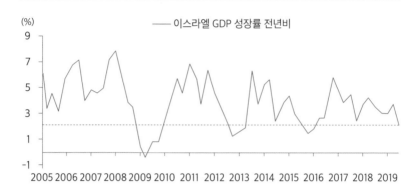

자료: 이스라엘 통계청, 이스라엘 중앙은행

준금리 인하는 어느 정도 시장이 기대하고 있었지만 0.5% 미만의 금리 인하는 시장이 예상하지 못한 측면이 있었다고 적고 있다. 0%에 가까운 금리 인하 결정에는 적지 않은 부담도 있었을 것이다. 대표적으로 부동산 시장 버블에 대한 우려가 있었을 것이다. 이스라엘의 주택 가격은 2012년 이후 매년 5~10%씩 상승하고 있었고, 이스라엘 정부는 주택 가격 상승을 제어하기 위해 부동산 거래세를 가격 구간별로 8~10% 인상하는 조치를 발표하기도 했다.

환율 문제는 없었나?

이스라엘이 기준금리를 0.1%까지 낮추는 동안 환율 문제는 없었을까? 당시의 자료를 찾아보면 환율에 대한 고민은 크지 않았던 것으로 보인다. 이스라엘은 수출 대비 수입 규모가 커서 무역수지는 적자이지만 서비스 수지 흑자 폭이 커서 무역수지 적자를 상쇄하고 남는다. 이스라엘의 경상수지가 지속적으로 흑자를 나타내고 있었고 흑자 폭도 커지고 있었기 때문에 달러당 셰켈화(이스라엘의 통화) 환율은 저금리 기조에도 불구하고 환율의 고점이 점차 낮아지는 형태를 보이고 있었다. 2015년 기준금리가 0.1%까지 인하되고 난 이후에는 환율 상승이 비교적 빠르게 나타나기도 했지만, 이러한 상황은 추세적이지 않았고 높은 수준의 환율이 오랜 기간 지속되지도 않았다.

이스라엘의 사례는 성장 추세가 크게 꺾이지 않더라도 물가가 지속적으로 목표 수준을 밑도는 경우 제로금리 수준의 금리 인하가 가

그림 2-18 이스라엘 셰켈화 추이

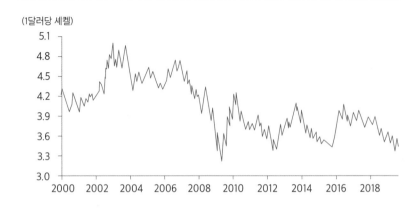

자료: 이스라엘 중앙은행

그림 2-19 이스라엘 GDP 대비 경상수지(한국 및 일본과 비교)

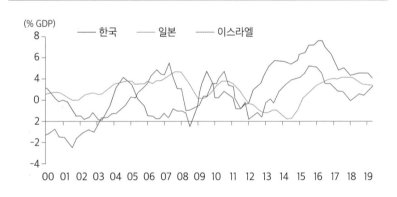

자료: 각국 통계청

능할 수 있음을 보여준다. 한국의 경우도 저금리 기조가 이어지면서

부동산 가격 상승이나 환율 측면의 우려가 존재한다. 이스라엘의 사

례는 이 같은 우려에도 불구하고 저금리가 의외로 빠르게 진행될 수 있음을 보여주는 우리가 참고할 만한 흥미로운 사례이다.

스웨덴
마이너스 금리정책을 포기한 이유는?

스웨덴은 전 세계에서 마이너스 금리정책을 가장 먼저 도입한 국가이다. 2009년 스웨덴의 중앙은행인 릭스방크는 상업은행에 대한 예치금리를 마이너스로 적용했는데, 이전까지는 사례가 없던 일이었다. 앞서 유럽중앙은행의 세 가지 정책금리로 리파이낸싱 금리, 한계대출금리, 수신금리를 설명했는데 스웨덴에도 세 가지의 정책금리가 있다.

스웨덴의 기준금리는 레포(repo)금리이다. 이는 중앙은행과 시중은행간 채권을 담보로 자금을 빌리거나 예치하는 데 적용되는 금리다. 스웨덴 중앙은행은 레포금리를 조정하면서 예치금리와 대출금리도 발표한다. 스웨덴의 기준금리는 -0.5%까지 인하되었다가 2019년

1월과 2019년 12월에 각각 25bp씩 인상되어 0%가 되었다. 예치금리 (deposit rate, 시중은행이 중앙은행에 돈을 맡길 때 적용되는 금리)는 레포금리보다 낮고, 대출금리(lending rate, 시중은행이 중앙은행으로부터 돈을 빌릴 때 적용되는 금리)는 레포금리보다 높게 결정된다.

가장 앞서 마이너스 금리를 도입한 스웨덴 중앙은행의 기준금리는 더 이상 마이너스가 아니다. 하지만 스웨덴 중앙은행이 2009년 세계 최초로 마이너스 금리정책을 도입했다는 부분은 예치금리 관점에서이고(스웨덴 중앙은행이 레포금리를 마이너스로 인하한 시점은 2014년 7월이었다) 예치금리의 기준으로 보면 여전히 마이너스 금리의 상황이다.

스웨덴 중앙은행이 더 이상 마이너스 금리정책을 사용하지 않게 된 것은 소기의 성과가 달성되었다는 것이 첫 번째 이유이다. 스웨덴

그림 2-20 스웨덴 레포금리, 예치금리, 대출금리 추이

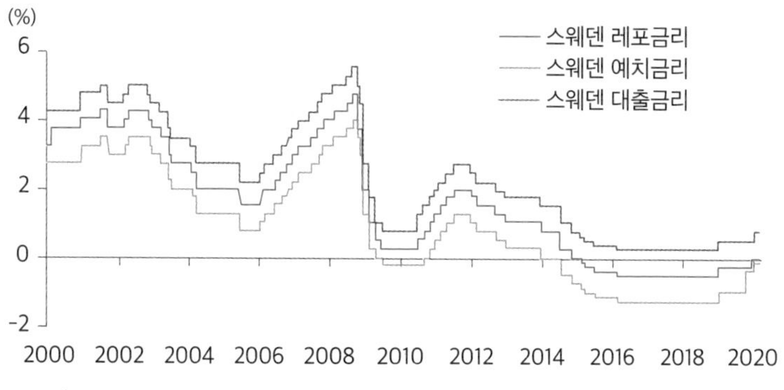

자료: Riksbank

중앙은행장의 인터뷰 내용을 들어봐도 물가가 상승하고 물가 전망이 목표에 부합한다는 점을 가장 먼저 언급하고 있다. 이는 지표상으로도 확인할 수 있다.

한편, 마이너스 금리정책의 부작용에 대한 고민도 있었다. 마이너스 금리정책이 부동산 가격을 지나치게 상승시켰다는 점, 마이너스 금리가 일반 가계주체로까지 적용되는 상황에 대한 우려가 있었다는 점을 예로 들 수 있다.

스웨덴 사례의 해석에서 유의할 점은 스웨덴의 마이너스 금리정책 포기라는 부분을 확대해석하는 건 곤란하다는 것이다. 소기의 성과가 달성되었고 정책의 부작용이라는 측면도 고려하지 않을 수 없기 때문에 마이너스 금리정책을 상황에 맞춰 되돌린 것이지 마이너

그림 2-21 스웨덴 물가와 기준금리

자료: Riksbank

스 금리정책이 쓸모 없다는 평가를 내린 것이 아니다. 릭스방크에서 발표되는 자료들을 보면 마이너스 금리정책이 적절하게 작동했다는 긍정적인 평가를 내리고 있다는 것을 알 수 있다.

스웨덴이 통화정책 완화 기조에서 완전히 탈피한 것 또한 아니다. 현재의 전망으로는 스웨덴의 경제가 진전되고 있다는 평가를 내릴 수 있지만 상황이 나빠지면 다시 완화정책을 강화할 가능성도 있다. 2019년 12월 금리 인상 결정이 만장일치였던 것도 아니었다. 6명의 위원 중 2명이 금리 인상에 반대했는데 이 두 위원들은 경제활동이 좀 더 안정되고 난 뒤, 물가 상황이 좀 더 목표에 가까워진 상황에서 금리 인상이 이뤄질 수 있도록 서두르지 말자는 입장이었다.

스웨덴의 CPIF

스웨덴 중앙은행의 인플레이션 목표는 1993년에 도입되고 1995년에 적용되기 시작했는데 소비자물가지수(CPI)를 기준으로 했다. 이후 2017년 9월부터는 CPI 대신 CPIF라는 지표를 새로운 인플레이션 목표로 삼고 있다.

CPIF는 'CPI with a fixed interest rate'로 풀어 쓸 수 있다. 모기지 금리 변경의 영향을 배제하고 계산되는 방식이다. 이런 방식을 도입한 이유는 CPI가 통화정책에 잘못된 신호를 줄 수 있는 여지를 줄이기 위한 것이다. 만일 CPI가 하락해서 저물가에 대응해 중앙은행이 기준금리를 낮추면 이는 모기지 금리 하락으로 이어지게 된다. 모기지 금리의 하락은 다시 주거비용을 낮추게 되어 CPI가 하락할 가능성이 높아진다. 즉 CPI를 근거로 낮은 물가에 대응해 금리를 낮추면 CPI 지수가 더 하락할 가능성이 높고 이 경우 잘못된 정책을 유도할 수 있다. 그래서 스웨덴 중앙은행은 인플레이션 목표의 새로운 기준으로 CPIF를 도입하게 된 것이다.

한편 레포라는 기준금리 관점에서는 0%로 마이너스에서 벗어난 것은 맞지만 기존에 시행 중이던 양적완화는 2020년에도 이어진다. 스웨덴 중앙은행의 통화정책 보고서를 참고하면 2022년까지 추가적인 금리 인상이 단행될 가능성은 매우 낮다. 스웨덴이 마이너스 기준금리에서는 벗어나긴 했지만 출구전략을 앞으로도 이어갈 수 있을지는 분명하지 않다.

수익률 곡선 역전에 대한 이해

수익률 곡선에 대한 이해

하나의 발행주체가 여러 만기의 채권들을 발행한 경우 각각의 채권에 대해 하나의 그림 안에 나타내볼 수 있다. X축은 채권의 만기, Y축은 채권의 금리가 나타나도록 점을 찍어 표시하는 방식이다. 이렇게 표시된 점들을 서로 이어서 그림을 그릴 수 있는데 이것을 수익률 곡선이라고 한다.

국가가 발행한 국채에 대해서도 수익률 곡선을 그릴 수 있고, 기업이 발행한 채권에 대해서도 수익률 곡선으로 나타낼 수 있다. 기업의 경우는 기업마다 발행하고자 하는 채권의 만기가 다양하다. 기업이 채권을 발행할 때는 자금이 필요한 기간도 고려하지만 수요가 많을 것으로 예상되는 만기도 고려한다. 수요가 충분하지 않은 만기의 채권을 발행하면 수요가 충분치 않아서 예상보다 높은 금리로 자금을 조달해야 하는 경우가 생길 수 있다.

국채의 수익률 곡선은 촘촘하게 그릴 수 있다. 한국은 기획재정부가 3년, 5년, 10년, 20년, 30년, 50년 만기의 국채를 발행한다. 3년 이하의 구간은 만기가 짧아진 채권으로 수익률 곡선을 그릴 수 있고, 한국은행이 통화량 조절 목적으로 발행하는 통안채를 국채 대용으로 연결해 그릴 수도 있다. 통안채는 만기가 짧은 채권이 많고 신용등급도 중앙은행이 발행하므로 국채와 다를 바 없다. 회사채는 하나의 회사가 발행한 채권으로 수익률 곡선을 나타내기에는 만기별로 촘촘한 구성을 하기가 어렵다. 그래서 회사채에 대한 수익률 곡선은 동일 등급의 회사채를 기준으로 그리기도 한다.

채권에는 만기가 있고 만기마다 금리는 다르게 형성된다. 1년 만기 채권보다 2년 만기 채권이 금리가 조금이라도 높은 것이 보통이다. 만기가 길수록 금리는 높아진다. 그러므로 수익률 곡선은 보통의 상황에서는 우상향한다.

수익률 곡선의 형태를 설명하는 이론에는 여러 가지가 있다. 유동성 선호 이론(liquidity

preference theory)에 의하면, 만기가 긴 채권에 투자를 하는 경우 투자자는 더 많은 보상을 받길 원하기 때문에 채권의 만기가 길어질수록 금리가 높아진다고 설명한다. 채권 투자자와 채권 발행자를 채권자와 채무자, 즉 돈을 빌려주는 사람과 돈을 빌리는 사람으로 보면 이해가 쉬울 것이다. 돈을 빌려주는 입장에서는 돈을 빌려주는 기간이 길면 길수록 돈을 떼일 가능성이 더 커지기 때문에 더 많은 보상이 주어져야 하는 것이다.

회사채의 경우는 이러한 우상향의 수익률 곡선이 좀 더 뚜렷하게 나타난다. 회사의 신용 위험을 감안하여 만기가 길어지는 것에 대한 보상이 확실해야 하기 때문이다. (국가에 따라 다르긴 하겠지만) 보통 국가의 신용등급은 일반 기업보다는 높기 때문에 수익률 곡선이 우상향하는 형태가 뚜렷하게 나타나지 않는 경우도 있다.

금리 역전은 언제, 왜 발생할까?

수익률 곡선의 역전은 기대 이론(expectation theory)이나 정책 기대 가설(policy anticipation hypothesis)로 설명할 수 있다.

기대 이론에 의하면 우상향하는 수익률 곡선은 단기금리가 오를 것이란 기대 심리를 반영하고, 반대로 역전된 수익률 곡선은 단기금리가 하락할 것이란 심리를 반영한다고 설명한다. 정책 기대 가설이라는 것도 기대 이론과 크게 다르지 않다. 수익률 곡선이 정책금리에 대한 시장의 기대를 반영한다는 것이다.

2019년에는 미 국채 3개월물과 10년물이 역전이 되더니 2년과 10년물의 금리도 역전되었다. 미 연준은 2019년에만 세 차례에 걸친 금리 인하를 단행해 단기 구간의 금리를 크게 낮춤으로써 장단기 금리 역전 현상을 막을 수 있었다.

단기 영역의 금리는 기준금리와 유사한 수준으로 형성된다. 기준금리가 인하될 조짐이 있으면 단기금리는 이를 선반영해 기준금리보다 낮은 수준으로 하락해버리는 경우가 종종 있다. 기준금리 인상 가능성이 반영되는 경우는 기준금리와의 격차가 확대된다. 장기물의 경우는 물가나 성장과 같은 경제 펀더멘털에 민감하다. 경제 펀더멘털에 비해 기준금리가 높은 수준인 경우 수익률 곡선은 역전되기 쉽다.

역사적으로 금리가 역전되면 금융시장이 불안해지고 리세션(경기침체)이 발생하는 경

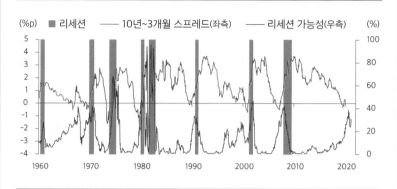

그림 2-22 장단기 금리차와 리세션 확률

(%p) ■ 리세션 —— 10년~3개월 스프레드(좌측) —— 리세션 가능성(우측) (%)

주: 회색 음영이 리세션 기간을 의미
자료: Federal Reserve Bank of New York

우가 많았다. 이는 위에서 설명한 경제 펀더멘털에 비해 기준금리가 높은 수준인 경우 수익률 곡선이 역전되기 쉽다는 점도 하나의 이유가 된다. 또 금리가 역전되면 은행의 대출 성향이 하락하는데, 이는 금융시장이 타이트해지는 것을 의미한다. 이 경우 자금에 대한 수요과 공급이 제대로 매칭되지 않을 수 있다.

그래서 정책자들은 경기침체의 전조로 볼 수 있는 금리 역전을 경계하고 금리 역전이 발생하면 기준금리 인하를 통해서라도 역전을 해소하려는 움직임을 보이곤 한다. 2020년 올해 연준의 행보도 다르지 않았다.

PART 3

제로금리 시대에
우리에게 생기는 일들

우리가 접하는 금리는 얼마나 달라질까?

기준금리가 낮아질수록 각종 금리 수준은 당연히 낮아진다. 우리가 직접 접하는 예금금리와 대출금리는 얼마나 하락하게 될까? 예금금리와 대출금리를 살필 때 고려해야 하는 부분을 먼저 설명하는 것이 좋을 것 같다.

우선, 예금금리는 대출금리보다 단순하다. 은행마다 제시하는 금리 차이가 있고 예치금액이나 기간별로 조금씩 다른 금리를 적용받는다.

예금에서는 예금을 하는 사람이 누구인지는 그다지 중요하지 않다. 반면 대출금리는 상대적으로 복잡하다. 은행에 따라서도 제시하는 금리가 다르지만 대출자에 따라 금리가 달라진다. 대출자마다 신용도에 차이가 있기 때문이다.* 담보가 있을 때와 없을 때에도 금리 수준은 달라진다. 돈을 빌려주는 은행 입장에서는 담보가 있어야 돈을 떼일 위험이 낮아지기 때문에 담보가 있는 경우 금리가 낮아진다. 대출금리는 이처럼 예금금리보다 변수가 다양하다. 그러므로 모든 신용도를 고려해서 일반적인 금리 수준을 얘기하기는 쉽지 않다.

예금금리나 대출금리를 살펴볼 때는 이런 부분을 감안하고 볼 필요가 있다. 특히 국가 간 비교에서는 기준이 다른 경우가 많기 때문에 다음에서 살펴볼 사례에서 금리의 절대적인 수준에 주목하기보다는 금리의 전체적인 흐름을 살피는 것이 좋겠다.

일본의 경우

일본은 마이너스 금리정책을 사용하고 있는 나라이다. 앞에서도 설명했지만 마이너스 금리정책을 사용하고 있다고 해서 그 나라의 모든 금리가 마이너스라는 의미는 아니라는 점을 오해하지 말아야 한다. 2016년 1월부터 시행 중인 일본은행(BoJ, 일본 중앙은행)의 마이너스 금리정책은 시중은행들이 중앙은행에 예치한 자금에 연 0.1%의 수수료를 부과하는 정책이라고 할 수 있다. 이때 시중은행이 중앙은행에 맡기는 모든 예치금에 대해 마이너스 금리를 일률적으로 적

---

* 대출자: 독자들 중에는 '임대인 ↔ 임차인'의 관계에서처럼 '대출자 ↔ 차입자'이므로 돈을 빌린 사람은 '차입자'라는 용어가 맞는 것 아니냐고 생각할 수도 있을 것 같다. 하지만 대출자는 '돈을 빌린 사람'을 의미하는 단어로 많이 사용되는 것이 현실이다. 국어사전에서 대출자는 '대출을 하거나 받는 사람'이라는 설명을 확인할 수 있다. 즉 본래는 양쪽으로 다 사용할 수 있는 말이다.

용하는 것은 아니고 3개의 계층으로 구분해 일부에만 마이너스 금리가 적용된다는 점도 이미 앞에서 설명한 내용이다.

아직 일본에서 일반 고객의 예금에는 마이너스 금리가 적용되지 않는다. 이러한 정책을 도입한 일본은행 총재는 마이너스 금리정책을 도입한 이후 한 인터뷰에서 "예금금리에 마이너스가 붙을 가능성은 없을 것"이라고 대답한 적이 있다. 디플레이션 국면에서 탈피하기 위해 마이너스 금리정책을 도입하긴 했지만 일반 소비자 층에까지 부담을 주려고 하지는 않았다는 것을 알 수 있다. 그렇다면 일본에서는 시중은행에 예금을 하는 경우 어느 정도의 이자를 기대할 수 있을까? 일본은행에서 발표하고 있는 이자율을 살펴보면 일반 고객들에게 적용되는 금리는 아주 간신히 플러스인 상황을 유지하고 있음

표 3-1 일본의 예금금리

일본 정기예금의 기간별 평균 이자율(연이율 %)

만기	1년 이하	2년	3년	4년	5년	7년	10년
1,000만 엔 이상	0.01	0.011	0.011	0.011	0.014	0.014	0.016
300만 엔~1,000만 엔	0.01	0.011	0.011	0.011	0.013	0.014	0.017
300만 엔 이하	0.01	0.011	0.011	0.011	0.013	0.014	0.017

일본 정기적금 기간별 평균 이자율

만기	1년	3년	5년
연이율(%)	0.013	0.015	0.015

보통 예금의 평균 이자율

연이율(%)	0.001

주: 2020년 1월 6일 기준
자료: 일본은행

을 알 수 있다.

정기예금이나 정기적금의 경우도 0.01% 정도이며, 보통예금은 0.001%에 불과하다. 보통예금에 100만 엔(2020년 연초 수준의 환율을 적용하면 1,006만 원)을 맡겨봐야 1년간의 이자가 고작 10엔(100.6원)에 불과한 것이다.

일본에서 대출금리는 어느 정도일까? 표 3-2는 일본 시중은행의 신규 대출에 대한 약정금리 추이를 나타낸 것이다. 가장 최근의 통계로 보면 도시 은행의 대출금리는 0.5% 수준이나 그 이하이다.

일본에서 거래되는 채권의 금리는 2019년 상반기에는 하락하는 흐름이 뚜렷하다가 8월 말부터는 상승하는 국면이었음에도 대출금리는 하반기에도 계속해서 하락한 것을 알 수 있다.

주택담보대출은 어떨까? 2020년 초 일본의 3대 대형은행(미츠비

표 3-2 일본 신규 대출 약정 평균 금리 추이

2019년		6월	7월	8월	9월	10월	11월
단기	도시 은행	0.691	0.528	0.368	0.519	0.434	0.360
	지방 은행	0.795	0.920	0.772	0.956	0.764	0.622
	제2지방 은행	1.323	1.260	1.411	1.272	1.155	1.226
	신용금고	1.835	1.883	1.878	1.761	1.905	1.881
장기	도시 은행	0.798	0.588	0.744	0.558	0.660	0.510
	지방 은행	0.787	0.844	0.834	0.755	0.831	0.789
	제2지방 은행	0.982	1.008	0.977	0.876	0.979	0.854
	신용금고	1.570	1.591	1.559	1.403	1.612	1.592

자료: 일본은행

시 도쿄 UFJ, 미즈호, 미쓰이 스미토모)에서 제공하는 주택담보대출 금리는 0.5~0.6% 정도이다. 인터넷 은행은 이보다 금리가 더 낮은 곳도 찾을 수 있다. 소니 은행이나 주신 SBI 네트 은행(SBI Sumishin Net Bank)과 같은 인터넷 은행은 0.4%의 매우 낮은 금리 수준으로 변동형 주택담보대출을 제공하고 있다.

금리의 전반적인 추세를 살펴보도록 하자. 일본의 예금금리나 대출금리는 언제부터 이렇게 낮았던 것일까?

일본은행이 제로금리정책을 도입한 시점은 1999년인데, 일본의 예금금리는 이 당시에도 0.14%로 매우 낮은 수준으로 하락했었다. 0%의 기준금리와 별 차이가 나지 않는다. 당시 일본의 대출금리는 2.2% 정도였다. 기준금리나 예금금리 수준과 비교해서는 꽤 높았던

그림 3-1 일본의 기준금리와 10년물 국채 금리, 예금금리, 대출금리 추이

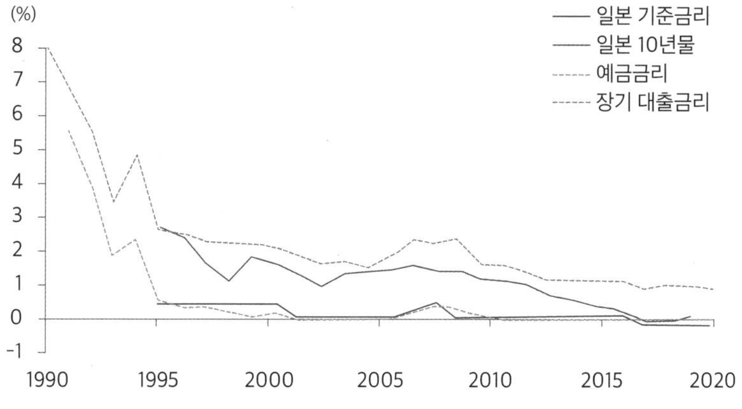

자료: 일본은행

것을 알 수 있다. 일본의 기준금리는 제로금리가 처음 도입된 1999년부터 현재까지 0.5%를 넘어선 일이 없다. PART 2에서도 설명했듯이 기준금리 인상에 여러 차례 나섰지만 번번이 실패했기 때문이다. 그 과정에서 예금금리는 0.1%였거나 그 이하를 유지했을 뿐이다. 일본은행이 취합하는 일본 시중은행의 대출금리를 5년 단위로 살펴보면 2005년에는 1.85%, 2010년에는 1.6%, 2015년은 1.1%로 1%대를 유지하다가 이후 2019년에는 0.95%로 하락했음을 알 수 있다. 이렇듯 일본의 사례를 통해 알 수 있는 사실은 기준금리가 인하되면 예금금리는 당장 영향을 받게 되지만 대출금리가 하락하는 데는 의외로 많은 시간이 걸린다는 사실이다.

최근의 상황을 점검해보면 일본에서 일반 고객들에게 마이너스 금리가 도입될 가능성이 없지 않다. 일본 언론에서 나온 내용을 보면 2016년 마이너스 금리정책을 도입할 당시만 해도 일반 소비자들에게 적용되는 예금금리가 마이너스로 떨어질 가능성은 낮다고 예상되었다. 당시에는 마이너스 금리정책을 먼저 도입한 유럽에서도 일반 고객에게 마이너스 금리를 적용한 사례가 없었기 때문이다.

그런데 이후 유럽에서 일반 소비자들에게 마이너스 금리를 적용하는 사례가 등장하면서 일본 언론에서는 일본에서도 이 같은 사례가 등장할 수 있다고 얘기하고 있다. 일본의 예금금리는 오래전부터 0%에 매우 근접했고 대출금리도 점차 낮아지고 있다. 이 같은 상황이 장기화되면 일본의 은행들은 수익성 하락에 대해 고심할 수밖에 없다. 만일 일본은행이 기준금리의 마이너스 폭을 확대하는 결정을 내리는 경우에는 일반인들에게 적용되는 예금 계좌에도 마이너스 금리가 적용될 수 있다.

이스라엘의 경우

대출금리와 관련해 이번에는 비교적 최근의 제로금리 사례인 이스라엘을 살펴보도록 하자. 이스라엘 중앙은행은 2015년에 0.1%까지 기준금리를 인하했다. 이스라엘의 대출금리는 어떻게 반응했을까? 2011년부터 2014년까지는 기준금리가 인하되면서 대출금리도 하락세를 나타냈다. 하지만 대출금리 하락 폭은 기준금리 하락 폭에 비해 절반 수준에 불과했다. 그리고 2015년부터 2016년 중순까지는 오히려 대출금리가 상승했다. 기준금리가 크게 인하되는 과정에서는 대출금리도 하락하는 모습을 보이지만 기준금리 인하가 멈추고 나면 대출금리가 오히려 상승할 수도 있다는 것을 보여주는 사례이다.

은행 입장에서는 수익성을 고려해야 하기 때문에 예대마진(예금과 대출금리의 차이)을 계속 줄일 수만은 없다. 기준금리가 일정 수준 인하되고 더 인하될 여지가 제한적인 상황에서는 언제 있을지 모르는 기준금리 인상에 대비해 대출금리를 인상하기도 한다. 기준금리가 낮은 수준에 오랜 기간 머문다면 이스라엘의 대출금리도 일본의 경우처럼 점차 낮아질 가능성은 있다.

그림 3-2 이스라엘 기준금리와 만기별 대출금리

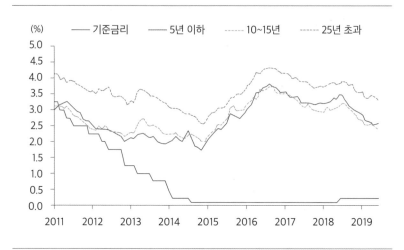

자료: Bank of Israel

그림 3-3 이스라엘 만기별 대출금리 시점별 변화

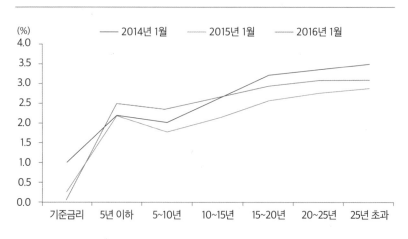

자료: Bank of Israel

유럽의 경우

마지막으로 마이너스 금리정책이 활발히 사용되고 있는 유럽의 사례를 소개한다. 유럽에서는 일반 고객들에게 마이너스 금리를 적용하는 사례가 등장하고 있다. 예를 들어 덴마크에서는 유스케 은행(Jyske Bank)이 750만 크로네(한화 약 13억 원)의 잔고를 초과하는 개인 계좌에 대해 -0.6%의 금리를 적용하기로 했다. 즉 예금 잔액의 0.6%

그림 3-4 유럽의 마이너스 금리정책 국가들

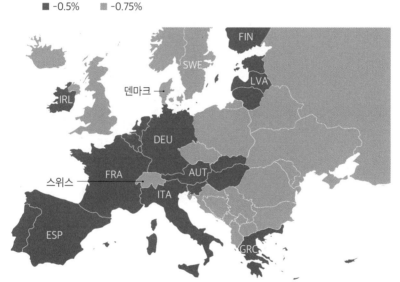

은행에 고액을 예치하고 있는 고객들에게 마이너스 금리를 적용하기 시작했다고 알려진 덴마크와 스위스의 경우는 정책금리의 마이너스 폭이 −0.75%로 큰 편이다. 유럽의 은행들은 수익성을 유지하기 위해 마이너스 금리를 고객들에게 전가하려는 상황이다. 아직 마이너스 금리를 적용받는 고객층이 소수이지만 중앙은행의 금리정책 변화에 따라 그 대상이 확대될 가능성이 있다.

주: 2019년 말 기준
자료: ECB, SNB, Riksbank, Danmarks Nationalbank

에 해당하는 수수료를 부과하기로 한 것이다. 또 스위스에서는 UBS
가 2019년 11월부터 200만 스위스 프랑(한화 약 25억 원)을 초과하는
개인 계좌에 -0.75%의 금리를 적용하기로 했다.

이 경우에도 오해를 하면 안 되는 것이 모든 고객에까지 마이너스
금리를 적용하고 있지는 않다는 점이다. 위에서 적은 기준대로 잔고
가 우리 돈 13억 원이나 25억 원 이상인 경우에 마이너스 금리가 적
용되는 것이다. 스위스 UBS의 홈페이지에서 접속하여 조회해보면
일반적인 예금계좌에 적용되는 금리는 개인 계좌는 0~0.25% 수준
이며, 법인은 0%이다. 예금 잔액이 소액인 일반 사람들은 아직은 마
이너스 금리라는 상황을 체감할 수 있는 상황은 아닌 것이다. 유럽
현지에서 은행예금에 돈을 맡기는 법인들의 얘기로는 0%로 돈을 맡
기는 것이 얼마 남지 않은 것 같다고 한다. ECB의 정책금리가 마이너
스 폭이 커지는 경우는 마이너스 금리를 적용받는 고객층이 확대될
것이다.

한국의 상황과 예상

그림 3-5는 한국의 기준금리와 정기예금, 그리고 주택담보대출의
금리 추이다. 일본의 사례에서 살펴봤듯이 기준금리와 예금금리는
금리의 격차가 작은 편이라는 것을 확인할 수 있다. 주택담보대출은
큰 방향성 면에서는 비슷하지만 어느 정도의 격차를 유지하면서 쫓
아가고 있는 모습이다.

그림 3-5 한국 기준금리, 정기예금금리 및 대출금리 추이

2020년 3월 한국의 기준금리는 0.75%로 기존 1.25%에서 50bp 인하되었다. 현시점 한국은행의 경제통계로 확인할 수 있는 최근의 데이터는 2020년 1월의 자료인데 정기예금 금리는 1.53%, 주택담보대출 금리는 2.51%이다. 한국은행이 기준금리를 내린 만큼 시중은행이 예금금리를 내린다면 조만간 1% 이하의 정기예금도 등장할 것으로 예상할 수 있다.*

주택담보대출금리는 2%에 가까워질 것으로 예상된다. 물론 대출금리는 대출자의 신용도에 따라 차이가 크다는 점은 감안해야 하며, 다른 국가들의 사례를 참고하면 2%보다 낮은 수준까지 진입하기 위해서는 기대보다 더 많은 시간이 필요할 가능성도 있다.

---

* 참고로 은행연합회 소비자 포털(http://portal.ktb.or.kr)에서는 은행 상품을 통합하여 비교해놓은 페이지를 제공한다. 이곳에서 은행별·상품별로 금리 수준을 손쉽게 참고할 수 있다.

⟳ 실물화폐에 생기는 일

금고를 마련해야 하는 세상이 올까?

만일 예금계좌의 이자율이 0% 밑으로 하락해서(예를 들어 -0.5%) 당신이 본래 예금한 것보다 적은 돈을 받게 된다면 어떻게 하시겠습니까?

- 〈마이너스 금리, 부정적인 반응들〉, ING, 2015. 12. 2.

위의 질문은 글로벌 금융사 ING가 지난 2015년 유럽과 미국, 그리고 호주의 1만 3,000명의 고객을 대상으로 설문조사 했던 항목 중 하나이다. 고객들은 어떤 응답을 했을까?

전체를 100명으로 봤을 때 결과는 "더 소비하겠다" 10명, "예금의 '일부'를 투자(예: 주식 투자)하겠다" 19명, "예금의 '상당 부분'을 투자하겠다" 15명, "인출해서 안전한 곳에 두겠다" 33명, "목표한 저축을 달성하기 위해 저축을 더 하겠다" 11명, "그냥 가만있겠다" 22명이었다(이 설문에서 응답자의 합이 100이 아닌 110인 이유는 복수 응답을 허용한 설문이었기 때문이다). 돈을 인출해서 안전한 곳에 두겠다는 응답이 가장 높은 비율을 차지했다.

한편 2016년 일본은행이 마이너스 금리정책을 도입한 이후 일본에서는 개인 금고가 얼마나 잘 팔리고 있는지를 다룬 기사를 쉽게 찾아볼 수 있었다. 지난해보다 2배 이상 판매가 되고 있다거나, 인기 상품은 품절되어서 대기해야 한다거나 하는 내용의 기사들이다. 그런데 지금은 어떤 상황인가를 다시 알아보면 일본 언론에서 금고에 대한 내용을 다루는 기사를 찾기는 쉽지 않았다. 막연하게 자신들의 예금에 수수료처럼 마이너스 금리가 적용될 것이라 생각했던 사람들은 처음 우려했던 것처럼 일반인들에게까지 마이너스 금리가 적용되는 것은 아니란 사실을 깨닫고 안심했을 것이다. 아니면 2016년 일본은행이 마이너스 금리정책을 도입한 이후 마이너스 폭을 확대하지 않고 수년간 동일한 수준의 금리를 유지하고 있어서 잊힌 이슈가 되었을 수도 있다. '마이너스 금리'라는 용어가 주는 충격만큼 체감될 정도의 상황 변화는 없었던 것이다.

바로 앞 주제에서 살펴봤듯이 일본의 정기예금금리는 0.01%에 불과하고 보통예금금리는 0.001%에 불과해 예금을 해봐야 의미 없는 수준의 이자를 받게 된다. 또 일본에서는 예금을 인출하는 데 드는 수수료도 한국보다 높다(일본에서 ATM기 이용 수수료는 시간대에 따라서 108엔에서 216엔이 든다. 10만 엔 이상을 인출하는 경우의 수수료는 432엔이다. 찾아본 결과 일본에서도 출금 서비스를 이용하는 데 수수료를 내지 않고 이용하는 방법이 존재하기는 했지만 보편적인 것은 아니다). 보통 예금에 1,000만 원 넘게 넣어봐야 100원 수준의 이자가 나올 뿐인데, 그마저도 출금 서비스를 이용하는 경우엔 오히려 손해를 보게 되기 때문에 은행보다는 차라리 개인 금고를 이용해보겠다는 생각을 할 수 있을 것이다.*

마이너스 금리 적용에 대해 고민하는 것은 개인뿐만은 아닐 것이다. 기업들도 영향을 받는다. 2019년 9월 유럽중앙은행이 기준금리를 -0.5%로 낮춘 이후 독일의 중앙은행 분데스방크(Bundesbank)가 220개 대출기관을 대상으로 조사했는데, 은행의 58%가 기업의 예금에 대해 마이너스 금리를 부과하고 있다고 답했다.**

기업의 예금에 마이너스 금리가 부과되고 마이너스 금리 폭이 커지는 경우 기업은 자신들의 현금을 보관할 수 있는 금고를 직접 마련할 수도 있을 것이다.

---

* 참고로 일본에서는 송금 서비스의 경우도 한국보다 수수료가 비싸다. 한국은 각 은행별로 제공되는 스마트폰의 앱이나 토스, 페이코, 카카오 페이처럼 스마트폰을 이용한 송금이 보편화되고, 수수료도 거의 무료이다(업체마다 횟수 제한은 있다). 이와 달리 일본에서는 가장 많은 이용자(2019년 3분기 기준 8,200만 명)를 거느린 라인이 2019년 12월 간편결제 송금 서비스를 시작했는데, 176엔의 이용 수수료가 있다.
** 〈Most German banks are imposing negative rates on corporate clients〉, 《The Financial Times》, 2019. 11. 19, https://www.ft.com/content/74573de6-0a15-11ea-bb52-34c8d9dc6d84

표 3-3 현금을 직접 보관할 시 필요로 하는 공간

	표준 크기 서류 가방	침대(더블베드) 밑	이삿짐 밴(van)	보통 크기의 호텔방
200유로로 채울 때	240만 달러	1억 60만 달러	78억 달러	119억 달러
지폐 수(장)	10,000	419,167	32,500,000	49,583,333
달러당 1,200원 환산(a)	28억 8,000만 원	1,207억 2,000만 원	9조 3,600억 원	14조 2,800억 원
a의 -0.1%	-288만 원	-1억 2,072만 원	-93억 6,000만 원	-142억 8,000만 원
a의 -0.5%	-1,440만 원	-6억 360만 원	-468억 원	-714억 원
5만 원권으로 채울 때(b)	5억 원	210억 원	1조 6,250억 원	2조 4,792억 원
b의 -0.1%	-50만 원	-2,100만 원	-16억 2,500만 원	-24억 7,920만 원
b의 -0.5%	-250만 원	-1억 500만 원	-81억 2,500만 원	-123억 9,600만 원

주: 《FT》 기사 내용에 나오는 200유로로 채울 때의 수량을 참고해 5만 원권 채울 때의 지폐 수 계산. 200유로권 (160×82mm)과 5만 원권(154mm×68mm)의 크기 차이는 고려하지 않았음.
자료: 〈Banks look for cheap way to store cash piles as rates go negative〉, 《FT》 2016. 8. 16.

표 3-3을 통해 현금을 보관하는 데 어느 정도의 공간이 필요한지 가늠할 수 있다. 그리고 그 정도의 현금에 마이너스 금리가 적용되면 연간 어느 정도의 비용이 발생하는지 -0.1% 또는 -0.5%의 금리가 적용되는 경우에 대해서도 계산해보았다.

현금을 직접 보관하는 문제는 단지 공간이 있느냐 없느냐의 문제가 아니라 현금을 직접 보관했을 때 발생하는 도난, 화재, 천재지변과 같은 잠재적 비용까지 함께 고려해 실효성 여부를 검토해야 할 것이다. 그런데 이렇게 공간과 비용 문제를 계산해놓고 보면 기업 입장에서는 마이너스 금리를 적용받으니 차라리 현금을 보관하는 것이 저렴하겠다는 판단을 할 수도 있겠다는 생각이 든다. 이미 유럽에는 실제 현금 보관을 고려하고 있는 금융회사가 여러 곳 있다는 외신 기사를 본 적이 있다. 이렇게 보면 마이너스 금리정책의 역효과도 무시할 수는 없겠다는 생각이 든다.

고액권 지폐 퇴출과 CBDC

2016년 5월 유럽중앙은행은 500유로권 지폐를 퇴출시키기로 결정했다. EU의 국가 중 유로화를 사용하는 나라는 총 19개국인데, 그중 17개국은 2019년 1월 500유로권 지폐 발행을 중단했고 이후 3개월 후 독일과 오스트리아도 발행을 중단했다. 이제 500유로 지폐는 더

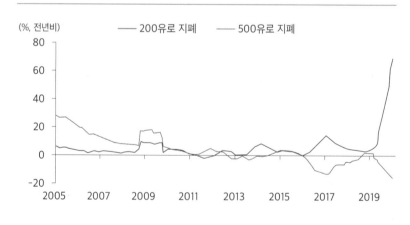

그림 3-6 200유로권과 500유로권 지폐 수 변화

자료: ECB

이상 발행되지 않는다. 혹시 500유로권을 보유하고 있는 독자가 있다면 걱정할 필요는 없다. 신규 발행만 되지 않을 뿐 화폐가치는 그대로 유지되고 앞으로의 사용에도 문제는 없다고 한다. ECB가 고액권 지폐를 퇴출시키려는 이유는 지하경제의 양성을 막고 범죄에 악용될 가능성을 차단하기 위해서다. 한편에는 고액원을 인출해 보관하려는 잠재적 수요를 줄여서 마이너스 금리정책의 부작용을 낮출 수 있다는 계산도 있었을 것이다. 500유로권은 2020년 연초 수준 환율인 1유로당 1,300원으로 계산하면 우리 돈 65만 원에 해당한다. 한국의 최고액권인 5만 원권과 비교하면 13배나 가치가 높은 것이다.

고액권 지폐의 퇴출과 함께 살펴야 할 흐름은 중앙은행의 디지털 화폐 발행이라는 부분이다. 독자들 중 비트코인을 모르는 사람은 없을 것이다. 비트코인으로 대표되는 암호화폐가 실질적인 화폐로 사용될 수 있을까? 현존하는 암호화폐는 이미 '화폐'라는 말이 붙어 있지만 실질적인 화폐 역할을 하기에는 문제점이 있다. 가장 많이 지적되는 부분은 신뢰성과 가치의 안정성이라는 측면이다. 그런데 이러한 문제점은 각 국가의 중앙은행이 직접 블록체인이나 분산원장 기술(수많은 사적 거래 정보를 데이터 블록으로 만들고, 이를 차례차례 연결하

화폐의 요건

① 물물교환의 대상이 될 만큼 보편적으로 충분히 가치가 있을 것
② 대중적으로 쓰일 수 있을 만큼 충분한 수량이 있을 것
③ 가치를 저장하는 수단으로써 가치가 손상되지 않고 안정적일 것

는 기술)을 도입해 해결할 수가 있다.

양적완화나 마이너스 금리정책 등 이전에는 사용되지 않았던 '비전통적 통화정책'들이 등장하고 시행되는 가운데 최근에는 중앙은행 디지털 화폐(CBDC: Central Bank Digital Currency) 사용을 검토하고 있는 중앙은행들이 많아졌다. CBDC가 각국에 도입되면 마이너스 금리정책을 좀 더 효율적으로 사용할 수 있게 된다. 예를 들어 계좌에 적용되는 마이너스 금리 폭을 확대시키더라도 예금을 인출해 금고에 보관하려 함으로써 생기는 부작용을 막을 수 있게 된다.

한국은행에서는 2020년 2월 〈주요국 중앙은행의 디지털 화폐(CBDC) 대응 현황〉이라는 자료를 통해 CBDC에 대한 각국의 상황을 조사해 발표한 바 있다. 이 자료에서 주목할 만한 내용들을 간략하게 소개해보겠다.

먼저 미국, 일본, 영국은 CBDC 발행에 소극적이다. 국제 결제시장에서 가장 활발하게 거래되는 통화를 지닌 이들 국가는 CBDC의 필요성을 덜 느끼는 것이다. 미국 연준은 현금 수요 감소에 대한 대응이나 결제 인프라 개선과 같은 다른 중앙은행들의 CBDC 발행 동기가 미국에는 해당되지 않는다고 보고 있다. 미국 의회는 디지털 화폐의 출현이 달러화의 기축통화로서 입지를 약화시킬 수 있다는 우려를 제기하며 적절한 대응을 강조하고 있다. 일본은행은 CBDC에 대한 대중의 수요가 존재하지 않는다고 생각한다. 영국은 CBDC 관련 연구는 지속하겠다는 입장을 보이고 있지만 CBDC를 발행할 계획은 없다.

중국은 CBDC에 가장 적극적인 움직임을 보이는 국가 중 하나이다. 이미 소액 지급용 CBDC 발행을 준비하고 있고, 기본적인 설계를 끝내고 일부 도시에서 테스트 중이라고 한다. 2년 전 급격한 통화(리라화)가치 하락을 경험한 터키도 CBDC에 대해 적극적인 나라이다.

마이너스 금리정책을 도입하고 있는 유럽은 CBDC에 대해 어떤 입장일까? 유럽중앙은행은 CBDC의 실현 가능성에 대해 연구할 계획이다. 새로운 통화정책에 있어서 선구자격인 스웨덴 중앙은행은 기본적인 설계 방향을 정했고, 2020년 중 시제품을 개발해 테스트한다는 계획이다. 마이너스 금리정책을 쓰고 있는 나라들은 대체로 CBDC에 대해 적극적인 움직임을 보이고 있지만 다 그런 것은 아니다. 스위스는 CBDC의 재평가 가능성은 열어놓으면서도 소매용 CBDC에 대한 기대 이익이 크지 않다고 평가하고 있다.

CBDC에 대한 중앙은행들의 입장은 이처럼 다르다. 하지만 수년 뒤에는 CBDC를 본격적으로 도입해 사용하는 국가들이 생겨나지 않을까 하는 생각이다. CBDC의 환경에서는 얼마나 더 새로운 통화정책들이 탄생하게 될까?

양극화되는 부동산

저금리와 양극화

상식적인 선에서 부동산에 접근해보자. 저성장 환경은 저금리로 이어진다. 이 부분은 앞에서도 설명했다. 저성장은 부동산에 부정적이다. 성장속도가 느려지고 있는데 부동산이라고 좋을 리는 없을 것이다. 그런데 저성장의 결과인 저금리는 부동산에 긍정적이다. 그렇다면 부동산 시장을 바라볼 때 저성장과 저금리 둘 중에서 어느 쪽에 초점을 맞춰야 할까?

물론 둘 다 고려되어야 하는 것이 맞을 것이다. 저금리의 환경은 부동산 가격을 높인다. 대출에 대한 이자 부담이 낮아지면 대출 수요가 많아지고 부동산 수요가 높아진다. 하지만 모든 부동산에 대해 높은 수요가 이어지는 것은 아니다. 누구나 선호하는 부동산 위주로 차별화된 흐름을 보일 가능성이 높다.

전 세계적으로 유럽의 금리 수준이 가장 낮은 상황이다. 그림 3-7과 3-8은 국제결제은행(BIS)이 발표하는 주거용 부동산가격지수 추이다. 각 국가가 발표하는 부동산 지수가 조금 더 정확한 현실을 보여주겠지만 국가 간의 비교를 위해 BIS의 자료를 이용했다. 그림을 들여다보면 유럽 지역의 주거용 부동산 가격은 2012년이나 2013년부터 대체로 상승세가 가팔라졌다는 사실을 발견할 수 있다.

저금리로 인한 부동산 시장 호황을 얘기함에 있어서 예외로 볼 수 있는 사례는 일본이 유일하다. 일본의 경우도 2013년부터는 부동산 시장이 강세를 나타냈지만 조금 더 긴 기간을 살펴보면 현재 일본의 주거용 부동산 가격은 1991년의 고점보다 한참 낮다(2019년 2분기 일본의 주거용 부동산가격지수는 1991년의 63%에 불과하다).

일본의 자산 버블 형성과 버블 붕괴는 이미 PART 2에서 다룬 바 있다. 저금리와 무분별한 대출이 버블을 만들었고 금리 인상과 부동산 규제로 버블 붕괴가 촉발되었다는 것이다. 《일본 디플레이션의 진실》*에서는 이외에도 다른 이유들을 찾을 수 있다. 인구가 부모 세대의 2배나 되는 단카이 세대(제2차 세계대전 이후인 1947년부터 1949년 사이의 베이비붐 세대)는 내 집 마련이 중대한 과제였다. 땅값이 비싼 일본에서 40세 전후까지 어떻게든 계약금을 모아 모기지론을 신청하

＊　모타니 고스케, 김영주 옮김, 《일본 디플레이션의 진실》, 도서출판 동아시아, 2016

그림 3-7 주거용 부동산가격지수 추이

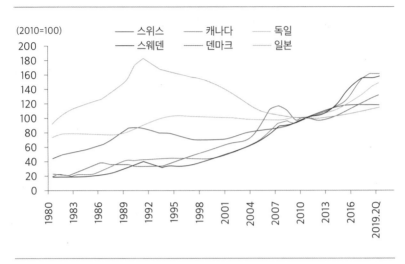

자료: BIS

그림 3-8 1991년 대비 국가별 주거용 부동산 가격

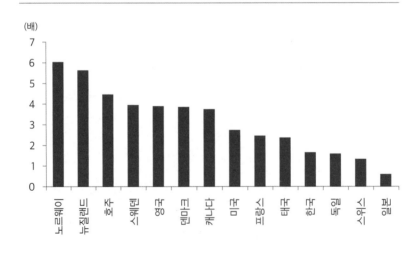

주: 1991년 대비 2019년 2분기
자료: BIS

고 내 집 마련에 나서는 경우가 많았다. 그래서 수도권과 간사이권을 중심으로 일본 역사상 전무후무한 주택 수요가 발생했다. 이 같은 수요에 대응하기 위해 대도시 근교의 주택 개발이 활발하게 전개되었다. 주 수요층은 단카이 세대에 집중된 것이었는데, 당시 건설업계는 경기가 좋아서 주택이 잘 팔리는 것으로 생각해 주택의 과잉 공급이 나타나게 된 것이다. 이러한 내용들을 감안하고 보면 일본의 부동산 버블 붕괴는 상당히 특수한 사례라고 볼 수 있다.

그림 3-8을 보면 한국의 주거용 부동산가격지수에 대해 의문을 갖는 독자도 있을 것이다. 30년 동안 겨우 1.7배만 상승했을 리는 없지 않겠냐는 생각을 할 수 있을 것이다. 이처럼 부동산가격지수는 현실과는 상당히 다른 부분이 있는 것이 사실이다. 국내 기관이 발표하는 주택가격지수는 170쪽의 '주택가격지수와 실제 집값' 부분에서 다루었다.

일본에서는 집을 사려면 얼마가 필요할까? 일본에서는 한국에서와 같은 대단지 아파트를 찾기는 어렵다. 한국의 아파트와 유사한 형태의 집을 일본에서는 맨션이라고 하는데, 도쿄에서 30평 규모의 맨션 가격을 부동산 정보 사이트 '라이풀 홈즈(LIFULL HOME'S)'에서 살펴보면 서울의 아파트 가격 수준과 별 차이가 나지 않는다는 것을 알 수 있다. 집의 신축 여부나 입지에 따라서 편차는 꽤 있는 편이지만 평균적인 수준은 우리 돈으로 8억~10억 원 정도이고, 고가의 맨션은 20억~30억 원 또는 그 이상인 경우도 있다. 부동산가격지수로 보면 30년 전보다 훨씬 낮은 수준이지만 도쿄의 집 가격은 현재도

그림 3-9 일본의 빈집 상황

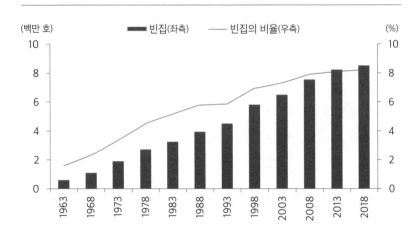

자료: 일본 총무성

결코 싸지 않다고 할 수 있다. 집 가격만 그런 것이 아니다. 상업지의 부동산 가격도 마찬가지다. 이미 2년 전 도쿄 긴자의 부동산 가격은 1990년대 초의 거품경제 시절을 넘어섰다고 보도된 적이 있다.* 이렇게 보면 일본의 부동산 시장은 침체되어 있다고 하기 어려울 것이다.

그런데 일본에서는 이렇게 거품경제 시절의 호황을 누리고 있는 부동산 시장이 있는 반면 그렇지 않은 지역도 많다. 일본의 지방도시에는 빈집들이 늘고 있고, 심지어 철거비를 얹어줘야 팔리는 집도 있다고 할 정도이다. 부동산 지수가 1990년대와 비교해서 낮은 수준을

---

* "도쿄 긴자 평당 14억 6천만 원…거품경제 시절 땅값 넘어서", 《매일경제》, 2018. 7. 2, https://www.mk.co.kr/news/world/view/2018/07/415678

기록하고 있는 것은 결국 중심 지역과 지방도시 간의 양극화에 원인이 있다고 보는 것이 맞을 것이다.

한국의 주택시장 양극화는 이미 진행 중이다

주택 관련 지표 중에는 PIR(Price to Income Ratio)이라는 것이 있다. 주택 가격을 가구당 소득으로 나누어서 계산하는 지표이다. KB국민은행은 지난 2009년부터 서울과 전국의 주택 가격, 그리고 가구의 연간 소득을 5단계의 분위별로 구분하여 PIR을 발표하고 있는데 표 3-4와 같다.

소득분위* 3분위에 해당하는 가구가 주택 가격 3분위에 해당하는 주택을 구입한다면 몇 년쯤 걸릴까? 표 3-4에서 보면 서울의 PIR은 2008년 12월 11.9였고 2014년 1월에는 8.8까지 하락한 이후 2018년 12월에는 14.3까지 상승했다. PIR이 14.3이라는 것은 가구의 연소득을 다른 곳에 전혀 소비하지 않고 14.3년을 모아야 주택을 구입할 수 있다는 의미다.

전국 주택의 경우 소득 5분위(가장 고소득)의 가구가 1분위의 주택(가장 저렴한 주택)을 구입할 때는 2008년이나 지금이나 1년이 걸리지 않는다. 전국으로 보면 저렴한 집이 여전히 있다는 얘기다. 가장 저소

---

* 소득분위: 가구의 소득 수준에 따라 각 단계를 20%씩 총 5단계로 구분한 것. 1분위가 가장 낮은 소득을 의미하며, 숫자가 높아질수록 소득 수준이 높다. 즉 5분위는 가장 높은 소득을 의미한다. 때로는 10단계나 9단계로 구분하기도 하지만 여기서는 5단계로 나눈 지표가 이용되었다. 소득분위별 소득은 각 분위별 가구의 소득을 평균한 값이다.

표 3-4 주택 가격 및 소득분위별 PIR

(단위: 배)

			가구 연소득									
			전국					서울				
			1분위	2분위	3분위	4분위	5분위	1분위	2분위	3분위	4분위	5분위
평균 주택 가격	2008. 12	1분위	5.4	2.6	1.9	1.4	0.8	16.7	8.3	5.9	4.4	2.7
		2분위	9.8	4.8	3.3	2.5	1.5	26.0	12.9	9.1	6.8	4.1
		3분위	15.4	7.5	5.2	3.9	2.4	34.0	16.9	11.9	8.9	5.4
		4분위	24.1	11.7	8.2	6.1	3.7	43.5	21.6	15.2	11.4	6.9
		5분위	45.7	22.2	15.6	11.6	7.0	72.7	36.1	25.4	19.0	11.5
	2012. 12	1분위	6.5	3.1	2.2	1.7	1.0	14.2	6.8	4.9	3.7	2.2
		2분위	10.4	4.9	3.6	2.7	1.6	21.2	10.1	7.3	5.6	3.4
		3분위	14.2	6.8	4.9	3.7	2.3	27.5	13.2	9.5	7.2	4.4
		4분위	19.7	9.4	6.8	5.2	3.1	36.7	17.5	12.7	9.6	5.8
		5분위	34.6	16.5	11.9	9.0	5.5	61.4	29.4	21.2	16.1	9.7
	2016. 12	1분위	7.3	3.5	2.5	1.9	1.2	15.8	7.6	5.6	4.2	2.6
		2분위	12.2	5.8	4.2	3.2	2.0	23.6	11.4	8.3	6.4	3.9
		3분위	16.4	7.9	5.7	4.4	2.7	30.5	14.7	10.8	8.2	5.1
		4분위	22.1	10.6	7.7	5.9	3.6	41.2	19.9	14.5	11.1	6.8
		5분위	36.3	17.4	12.7	9.6	6.0	71.9	34.7	25.3	19.3	11.9
	2019. 9	1분위	6.9	3.2	2.2	1.6	1.0	19.0	8.8	6.2	4.5	2.7
		2분위	11.7	5.4	3.7	2.7	1.6	32.7	15.2	10.6	7.7	4.6
		3분위	16.9	7.8	5.4	3.9	2.4	42.6	19.8	13.8	10.0	6.0
		4분위	25.0	11.5	8.0	5.8	3.5	57.8	26.9	18.7	13.6	8.2
		5분위	46.0	21.2	14.6	10.7	6.5	101.8	47.5	33.0	24.0	14.5

주: PIR = 주택 가격 / 가구소득
　- 가구소득: 분위별 평균 소득(통계청)
　- 전국 지표의 가구소득은 2인 이상 전국, 전 가구 기준
　- 서울 지표의 가구소득은 2인 이상 도시 지역, 전 가구 기준
자료: KB국민은행

표 3-5 전국 가구소득

(단위: 원, %)

	전체 평균	1분위	2분위	3분위	4분위	5분위
2008년 4분기(a)	3,371,354	1,027,222	2,112,939	3,008,505	4,032,434	6,673,410
2012년 4분기(b)	4,092,551	1,271,003	2,662,910	3,685,579	4,856,700	7,984,714
2016년 4분기(c)	4,312,029	1,365,274	2,856,014	3,912,847	5,143,607	8,279,116
2019년 3분기	4,876,856	1,374,396	2,982,096	4,319,277	5,903,943	9,800,240
2019년 4분기(d)	4,771,921	1,323,744	2,940,270	4,291,111	5,840,672	9,458,855
a 대비 b 상승률	21.4	23.7	26.0	22.5	20.4	19.6
b 대비 c 상승률	5.4	7.4	7.3	6.2	5.9	3.7
c 대비 d 상승률	13.1	0.7	4.4	10.4	14.8	18.4
a 대비 d 상승률	41.5	28.9	39.2	42.6	44.8	41.7

주: 2인 이상 전국, 전 가구 기준
자료: 통계청

표 3-6 도시 지역 가구소득

(단위: 원, %)

	전체 평균	1분위	2분위	3분위	4분위	5분위
2008년 4분기(a)	3,463,625	1,082,598	2,180,970	3,093,674	4,134,911	6,819,647
2012년 4분기(b)	4,137,017	1,282,949	2,684,804	3,715,988	4,898,932	8,096,698
2016년 4분기(c)	4,335,580	1,384,601	2,868,114	3,926,309	5,149,425	8,341,841
2019년 3분기	4,983,946	1,422,502	3,052,214	4,388,724	6,032,732	10,012,448
2019년 4분기(d)	4,880,947	1,378,901	3,023,899	4,374,285	5,969,303	9,651,906
a 대비 b 상승률	19.4	18.5	23.1	20.1	18.5	18.7
b 대비 c 상승률	4.8	7.9	6.8	5.7	5.1	3.0
c 대비 d 상승률	15.0	2.7	6.4	11.8	17.2	20.0
a 대비 d 상승률	40.9	27.4	38.6	41.4	44.4	41.5

주: 2인 이상 도시 지역, 전 가구 기준
자료: 통계청

득인 1분위의 가구가 가장 비싼 5분위의 주택을 구입하는 경우에도 2008년에는 45.7년이었고 2019년에도 46년으로 큰 차이가 나지 않는다.

서울의 주택 가격은 확연하게 차이가 난다. 서울에서는 가장 고소득인 소득 5분위의 가구가 가장 저렴한 1분위의 주택을 구입할 때 2008년이나 2019년이나 2.7배로 동일하다. 반면 5분위의 주택을 사는 경우는 2008년에는 11.5배였지만 2019년에는 14.5배로 높아졌다. 소득 대비 주택 가격 비율의 변화를 이런 식으로 살펴보면 전국의 주택가격 양극화를 가늠해볼 수 있다.

정리하면 전국적으로 소득 대비 주택 가격이 오르지 않은 곳도 상당히 많다. 서울에서는 주택 가격 1분위와 5분위 가격 차이가 확대돼왔다. 저렴한 주택은 상대적으로 덜 올랐지만 값비싼 주택은 더 올랐다. 결국 오르는 곳은 올랐다. 이렇게 통계적으로 확인하고 보면 양극화가 이미 진행 중이라는 사실은 더 분명해진다.

주택가격지수와 실제 집값

한국에서 주택가격지수를 발표하는 곳은 한국감정원, KB국민은행, 부동산114가 있다. 이 중에서 가장 긴 시계열의 데이터는 1986년 1월부터 현재까지 발표되고 있는 KB국민은행의 주택가격지수이다.

독자들 중에는 어떻게 민간은행이 가장 긴 시계열의 주택가격지수를 제공하게 되었는지 궁금할 것이다. 본래 주택가격지수를 발표했던 곳은 한국주택은행이었다. 그런데 1997년 한국주택은행법이 폐지되면서 한국주택은행이 민영화되었고, 2001년에는 국민은행과 합병하게 되어 국민은행이 주택가격지수를 발표하게 된 것이다. 각 기관별로 발표하는 부동산 지수는 각각의 장단점이 있다. KB국민은행에서 발표하는 주택가격지수는 제공되는 시계열이 가장 길다는 점과 한국감정원보다 50%가량 더 많은 표본 수가 이용된다는 장점이 있다.

다음 그림들은 KB국민은행에서 발표하는 주택 매매 가격종합지수와 아파트 매매 가격지수의 추이를 나타낸 것이다(그림 3-10, 3-11 참조). 지수가 처음 그려진 1986년의 수준을 보면 주택 매매 가격은 30 부근에서 시작한다. 아파트 매매 가격은 20부터 시작한다. 두 지수 모두 2019년 1월의 가격이 100이 되도록 조정된 지수이기 때문에 조사가 처음 시작된 1986년 대비 현재 주택 가격은 3배 이상, 아파트 가격은 5배 이상 상승했다고 해석할 수 있다.

우리가 뉴스로 접하는 내용이나 체감하는 수준으로 보면 실제 부동산 가격은 그보다 훨씬 더 많이 올랐을 것 같지만 지수상으로 파악할 때는 이 정도의 상승률에 그친다. 동일 지역의 주택이라 하더라도 가격이 크게 오른 주택이 있는 반면별로 오르지 않은 주택들도 있기 때문에 지수상으로는 체감보다 완만한 상승률로 나타난다.

부동산 지수에만 의존해서 부동산 가격 변화를 생각하면 부동산 시장이 별게 없다는 생각을 할 수 있지만 실제로 거래되는 부동산 가격을 들여다보면 느낌이 많이 다르다.

《머니투데이》 뉴스 기사*를 참고하면, 압구정 현대아파트의 1977년 당시 분양가는 1평(3.3㎡)에 55만 원이었다고 한다. 기사에는 1평에 6,000만 원을 넘어서면서 40년간 110배가 상승했다고 나온다. 3년이나 지난 기사이기 때문에 현시점에서의 거래 가격을 찾아보면 2020년 2월, 이 아파트의 평당 가격은 8,523만원이다. 44년 만에 154배가 된 것이다.

---

* "110배 오른 압구정 현대, 1764배 오른 삼성전자", 《머니투데이》, 2017. 1. 27, https://news.mt.co.kr/mtview.php?no=2017012700105937631

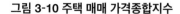

그림 3-10 주택 매매 가격종합지수

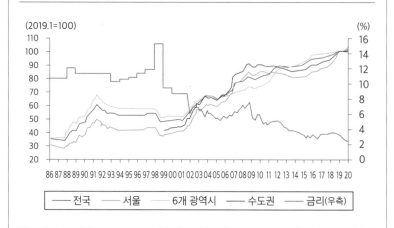

주: 대출금리: (~1995년) 시중은행의 1년 내 대출, (1996년~) 은행 가중평균, (2001년 9월~) 주택담보대출
　수도권: 서울, 경기, 인천. 6개 광역시: 부산, 대구, 인천, 광주, 대전, 울산
자료: KB국민은행

그림 3-11 아파트 매매 가격지수

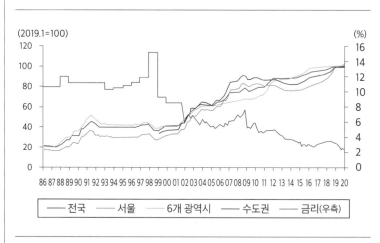

자료: KB국민은행

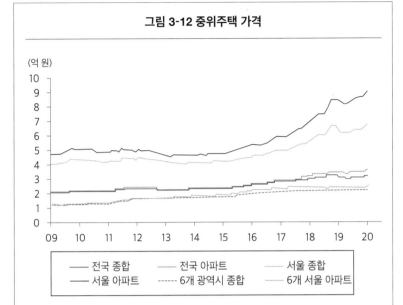

그림 3-12 중위주택 가격

(억 원)

범례:
— 전국 종합　— 전국 아파트　— 서울 종합
— 서울 아파트　----- 6개 광역시 종합　— 6개 서울 아파트

주: 중위가격은 중앙가격이라고도 하며 주택 가격을 순서대로 나열했을 때 중앙에 위치하는 가격을 의미
　수도권: 서울, 경기, 인천, 6개 광역시: 부산, 대구, 인천, 광주, 대전, 울산
자료: KB국민은행

KB국민은행은 2008년 12월부터 중위주택 가격도 발표하고 있다. 이 가격은 현실적인 느낌이 든다. 중위주택 가격이 금융위기 이후에는 정체되거나 어느 정도 하락하는 모습이었다. 서울의 중위가격 아파트 가격은 2013년 9월 4억 6,610만 원 수준을 바닥으로 2020년 1월에는 9억 1,216만 원이 되었다. 2013년 저점부터 현재까지 1.96배, 대략 2배 상승한 것이다. 중위주택 가격이 좀 더 긴 시계열로 제공된다면 과거부터의 동향을 좀 더 현실적으로 알 수 있을 것이다. 제공되는 데이터의 시계열이 짧다는 점은 아쉽다.

환율에 미칠
부작용은 없을까?

　중앙은행이 기준금리를 인하하거나 인하할 것이란 기대가 형성되면 해당 국가의 통화는 약세를 나타내는 것이 보통이다. 여기에는 두 가지 정도의 이유를 들 수 있다. 높은 금리에 대한 수요 때문에 낮은 금리의 국가에서 이탈한 자본이 높은 금리의 국가로 이동한다. 예를 들면 1990년대 후반부터 와타나베 부인으로 대변되는 일본의 개인 투자자들은 금리가 낮은 엔화 자금을 이용해 고수익의 외화인 호주 달러나 뉴질랜드 달러 등에 활발하게 투자했다. 또 한국보다 미국의 금리가 높아지면 자본 유출에 대한 우려가 부각되거나 달러화 예금에 개인들의 돈이 몰린다.

　다른 한 가지 이유는 기준금리 인하에 이르는 상황이 그 나라의 경제 펀더멘털을 나타내기 때문이다. 기준금리 인하는 경제 체력이 약하거나 신용 위험이 부각될 때 사용된다. 금리 인하가 통화 약세의 원인이 되기도 하지만 이미 경제 체력이 약해진 상황에서 해당국의 통화가 약세를 보이고 있던 것인데, 기준금리 인하가 단행되어 금리 인하가 통화 약세의 원인처럼 비춰지는 부분도 있다는 생각이다.

한국의 0%대 기준금리로의 진행과 환율에 대해 필자는 다음과 같이 판단하고 있다. 저금리로 가면 환율이 오르는 것은 대체로 맞다. 하지만 현재 한국은 경상수지 흑자가 계속해서 누적되고 있고 대외채무보다 대외채권 규모가 크다. 특히 단기 대외채무 대비 단기 대외채권의 규모는 금융위기 이전 2배 이하였던 수준에서 현재는 4.3배로 훨씬 더 커졌다. 과거에는 글로벌 위기가 부각되면 자본이 유

그림 3-13 순대외금융자산 추이

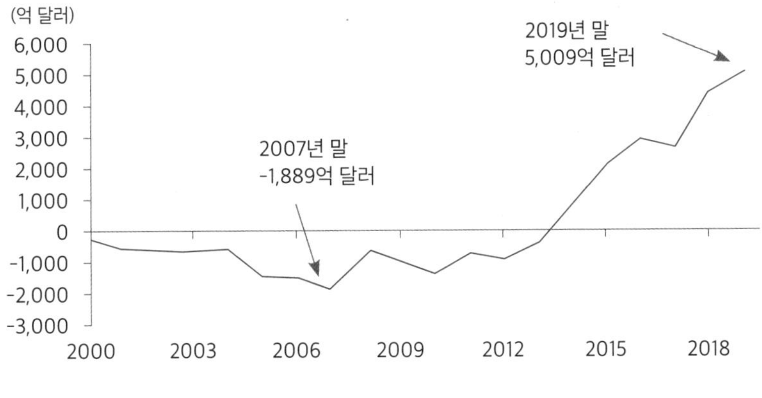

자료: 한국은행

그림 3-14 대외금융자산·부채 추이

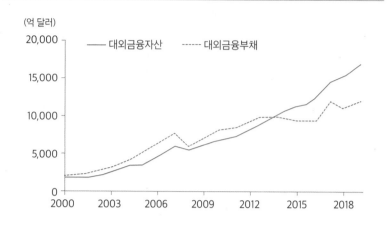

자료: 한국은행

그림 3-15 대외채권·채무 추이

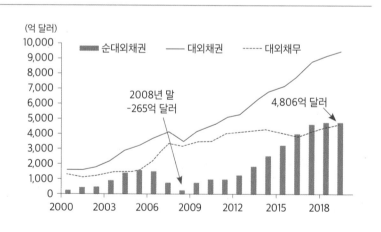

자료: 한국은행

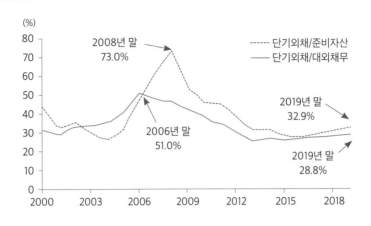

그림 3-16 단기외채 비율·비중 추이

(%)

- ----- 단기외채/준비자산
- —— 단기외채/대외채무

2008년 말 73.0%

2006년 말 51.0%

2019년 말 32.9%

2019년 말 28.8%

자료: 한국은행

출되면서 환율이 크게 상승하는 일이 많았는데, 지난 몇 년간의 흐름으로 보면 환율의 변동성이 줄었고 급등락의 빈도 역시 줄었다.

2020년 3월 미국의 제로금리 복귀로 상황이 바뀌긴 했지만 지난 수년간 한국의 기준금리가 미국보다 낮은 상황이 이어지고 있었음에도 환율은 크게 상승하지 않고 비교적 안정적인 흐름을 보였다. 2008년 금융위기 당시의 환율 상황과 비교해보면 달러지수는 훨씬 높은 수준에 있음에도 원/달러 환율은 상단이 1,200원 선에서 크게 벗어나지 않았다. 코로나19 사태 확산과 글로벌 경기침체 우려로 최근에 환율이 상승하긴 했지만 달러지수 수준과 비교하면 양호한 흐름이다.

주식시장과 환율을 살펴보면, 주식시장이 급락하면 환율은 급등

그림 3-17 달러지수와 원/달러 환율 추이

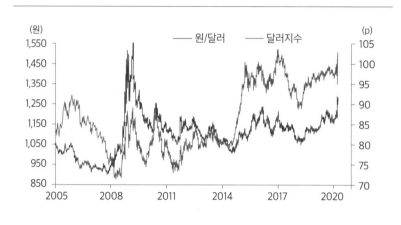

자료: 한국은행

세를 보인다.

그림 3-18은 금융위기가 있었던 2008년 하반기부터 1년간의 기간
과 2019년 하반기부터 1년간의 기간에 대해 코스피지수와 환율의 흐
름을 각각 나타낸 것이다. 차트에서 원/달러 환율은 상하를 거꾸로
그려서 코스피지수와 동일한 방향으로 비교가 가능하도록 했다.

금융위기 당시 코스피 지수의 하락폭을 2008년 7월 24일부터
2008년 10월 24일까지 따져보면 1, 626pt에서 938pt까지 42% 하락
했고, 이 기간 원/달러 환율은 41% 상승했다. 2008년 9월 25일부터
2008년 10월 24일까지를 따져보면 코스피지수는 37% 하락했는데
이 기간 원/달러 환율은 23% 상승했다.

2020년의 코스피지수 급락과 환율 상승을 비교해보면 코스피는
2020년 1월 20일 2,262pt에서 2020년 3월 19일 1,478pt까지 35% 하

그림 3-18 주식시장 급락과 환율

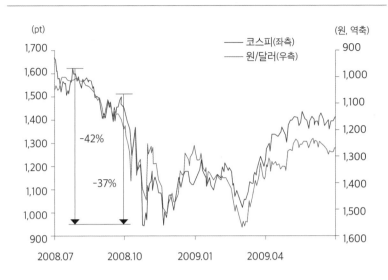

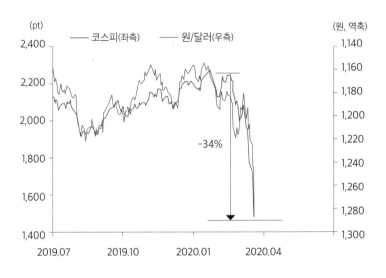

자료: 한국거래소, 한국은행

그림 3-19 달러지수의 비중

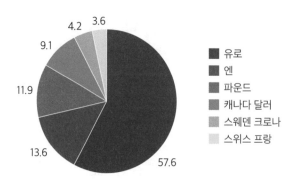

- 유로
- 엔
- 파운드
- 캐나다 달러
- 스웨덴 크로나
- 스위스 프랑

주: 달러지수는 세계 주요 6개국 통화 대비 미국 달러의 가치
자료: ICE

그림 3-20 달러 대비 원화, 호주 달러, 태국 바트 추이

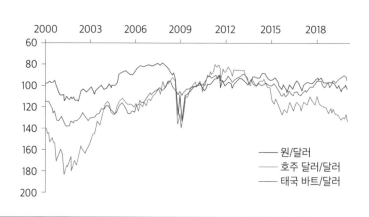

주 1. 숫자가 클수록 해당 통화 약세를 의미
주 2. 달러 대비 해당 통화 환율에 대해 2010.1.1=100 적용
자료: Federal Reserve Bank of St. Louis

그림 3-21 호주 무역수지 및 경상수지

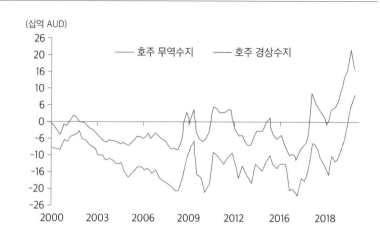

(십억 AUD)

— 호주 무역수지 — 호주 경상수지

자료: ABS

그림 3-22 태국 무역수지 및 경상수지

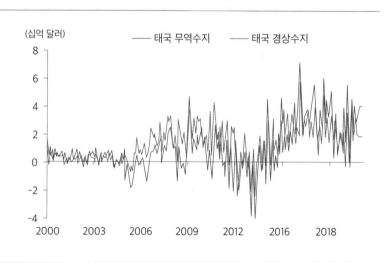

(십억 달러)

— 태국 무역수지 — 태국 경상수지

자료: National Statistical Office of Thailand

락했는데, 이 기간 원/달러 환율은 11% 상승에 그쳤다. 주식시장 하락 폭과 비교하면 2008년에는 주가 하락률과 비슷한 비율로 환율이 상승했는데 이번에는 주가 하락율의 1/3 수준밖에 환율이 상승하지 않았다.

이처럼 달러지수 움직임과 비교하는 경우나 주가 하락과 비교해보는 경우 모두에서 과거와는 차별화된 모습을 보이고 있다. 앞서 설명한 대외부채, 순대외금융자산, 단기외채 비중 등 양호한 대외건전성이 원화 가치를 견고하게 유지시키고 있다는 판단이다.

최근 기준금리가 1% 이하로 낮아진 다른 국가들의 통화는 어떤 상황을 겪고 있을까?

먼저, 호주는 2016년부터 유지해오던 1.5%의 기준금리를 2019년부터 다시 인하하기 시작했다. 호주중앙은행은 2019년 6월과 7월, 10월에 걸쳐 기준금리를 25bp씩 인하했고, 2020년 들어서도 3월 3일과 3월 18일에 추가로 25bp씩 안하했다. 현재 호주의 기준금리는 0.25%이다.

환율 상식

환율 표기에 익숙하지 않은 독자들은 AUDUSD(1호주 달러당 달러)라는 표기에 대해 의문을 제기할 수 있을 것이다.

우리에게 가장 익숙한 환율은 '1달러당 원'을 나타내는 환율이다. 국제적으로 통용되는 방식으로는 달러를 의미하는 USD와 한국의 원화를 의미하는 KRW(Korean won)를 붙여 '1달러당 원'을 USDKRW로 표기할 수 있다. 조금씩 다른 표기도 가능한데, 통화쌍의 중간에 슬래시(/)를 붙인 USD/KRW, 대시(-)를 붙인 USD-KRW도 가능하다. 그 밖에 USD KRW처럼 중간에 한 칸을 띄어쓰기 하거나 USD·KRW처럼 중간에 점을 찍는 경우도 있다. 모두 다 '1달러당 원'을 의미한다.

환율을 다루는 기사를 볼 때면 혼란스러운 부분이 있다. '달러/원'과 '원/달러'를 혼용해서 사용하기 때문이다. '1달러당 원'을 의미대로 표기한다면 원/달러라고 적어야 맞는 방식 같은데, 국제적으로 통용되는 방식에서는 USD/KRW가 흔하게 쓰이다 보니 이런 혼란이 생긴 것 같다. 구글 검색을 통해 '달러/원'과 '원/달러'의 검색 결과 수를 살펴보면 얼마나 많은 사람이 이 둘을 혼용하는지 알 수 있다. '달러/원'의 구글 검색 결과는 3,200만 건이고, '원/달러'의 구글 검색 결과는 3,380만 건으로 별 차이가 나지 않는다.

네이버에서는 '달러/원'으로 검색하든 '원/달러'로 검색하든 모두 '1달러당 원화'에 해당하는 환율을 보여준다. 아마 의도하는 검색 결과가 이것이라고 판단해서 그렇게 표시되도록 했을 것이다. 그런데 구글 검색창에서는 '달러/원'으로 검색을 해야 우리가 원하는 환율을 확인할 수 있다. '원/달러'로 검색을 하면 0.00085와 같은 우리가 알고자 했던 환율이 아닌 분자와 분모가 바뀐 결과를 보여준다. 국제적으로 통용되는 방식이 USD/KRW 또는 USDKRW처럼 USD(달러)가 앞에 위치하는데, 그 위치를 바꿔버렸기 때문일 것이다. 그러니 국제적인 표기가 어떤 순서인지는 알고 있는 것이 좋겠다.

우리나라 중앙은행인 한국은행은 어떤 표기를 사용할까? 한국은행의 각종 보고서에서는 '원/달러'로 사용하고 있다. 중앙은행이 이렇게 사용하고 있으니 우리말로 표시할 때는 이 표기법을 따르면 문제가 없을 것이다.

끝으로, 국제적으로 통용되는 통화쌍은 순서가 거의 정해져 있다는 점을 알아두면 좋을 것이다. 유로(EUR), 영국의 파운드(GBP로 표기, Great Britain Pound), 호주 달러(AUD로 표기, Australian Dollar), 뉴질랜드 달러(NZD로 표기, New Zealand Dollar), 캐나다 달러(CAD로 표기, Canadian Dollar)는 달러(USD) 앞에 붙는 것이 보통이다. 이 밖의 수많은 다른 통화들은 보통 달러 뒤에 붙는다.

예: EURUSD(의미: 1유로당 달러), AUDUSD(의미: 1호주 달러당 달러), GBPUSD(의미: 1파운드당 달러), USDKRW(의미: 1달러당 원), USDTHB(의미: 1달러당 바트) 등

그림 3-23 한국, 호주, 태국 기준금리 추이

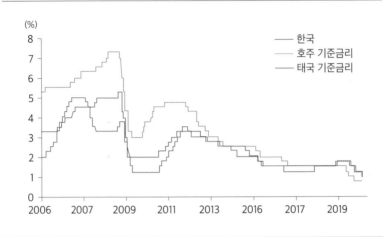

자료: 한국은행, RBA, BoT

이 과정에서 호주 달러는 큰 폭의 약세를 보였다. 사실 호주 달러는 그보다 훨씬 이전부터 약세였는데, AUDUSD(1호주 달러당 달러) 기준으로는 2011년 7월 1.108에서 하락하기 시작해 2019년 말에는 0.703에 이르러 9년에 걸친 하락 폭이 37%나 된다. 2020년 들어서도 3월 19일 기준 1호주 달러당 달러가 0.5509까지 떨어져 2019년 말 대비 22%나 추가 하락한 상태이다. 호주 달러가 약세를 지속하고 있는 데에는 금리의 영향도 있겠지만 경상수지가 상당한 기간 동안 적자인 상태로 지속된 데 따른 영향도 컸다고 판단한다.

태국의 경우도 2020년 2월 5일 1.0%로 기준금리를 낮추었다. 호주 달러나 태국의 바트, 한국의 원화 움직임을 비교해보면 금리 인하 시점 부근에서 약세를 나타내긴 했지만 이 중에서 절하 폭이 가장 작은 순서로 보면 태국의 바트화가 가장 절하 폭이 작았고, 한국의 원화는 바트화 다음으로 절하 폭이 적다. 호주 달러는 앞서 설명한 것처럼 상당 기간 약세인 상황이 이어지고 있다. 이 부분은 경상수지 흑자 여부와 연관이 있다고 봐야 할 것이다. 태국이나 한국은 동일하게 경상수지 흑자국인 상태가 상당한 기간 동안 이어지고 있어서 금리 인하에도 불구하고 약세 폭이 상대적으로 작게 나타나고 있는 것이다.

PART 4

제로금리 시대,
이렇게 투자해라

지켜야 할 원칙들

투자에 나서면 안 되는 경우 ─────────

필자는 투자에 매력적인 기회가 있다고 생각한다. 그럼에도 '모두에게 투자에 나설 것을 권하는 것이 바람직한가'라는 점에 대해서는 '그렇다'고 대답하지 못하겠다.

투자를 얘기하기에 앞서 함부로 투자에 나서지는 말자는 얘기부터 하고 싶다. 투자를 해도 되는 사람이 있고, 하면 안 되는 사람이 따로 있을까? 사람마다 성향 차이가 있고 처해 있는 상황도 다르기 때문에 그런 구분을 먼저 하는 것은 의미 있는 일이라고 생각한다. 투자에는 위험이 따른다. 투자를 하고자 하는 것은 좋은 성과를 내려고 하는 것인데, 끝이 좋지 않은 경우를 꽤 많이 봤다. 섣불리 투자에 나설 것이 아니라 투자금의 원금조차 회수하지 못하고 극도의 스트 레스만 받게 되는 최악의 경우도 생각해볼 필요가 있다.

다음과 같은 사람은 투자에 나서지 않는 것이 좋을 것이다.

(1) 손실을 용납할 수 없다면 투자에 적합하지 않다

투자는 수익률을 추구하는 확률 게임과 같다. 손실 구간이 없을 수가 없고 그 기간이 짧을 것이란 보장도 없다. 투자 계좌에 평가손 익과 수익률이 마이너스로 표시되는 것을 보는 것이 두렵고 받아들 이기 어렵다면 제대로 된 투자를 하기 어렵다. 이 경우 투자라는 활 동을 시작조차 하지 않는 것도 방법이다. 이미 투자 활동을 하고 있 는 경우도 스스로 한번 잘 생각해보자. 당신이 지금 하고 있는 일(투 자 활동이 아닌 본업)은 중요하다(이 부분과 관련해서는 276쪽 '제로금리 시대 TIP - 채권의 관점으로 본 월급의 가치'를 읽어보는 것이 좋겠다). 투자 한 자산의 가격 변화에 정신이 팔려서 현재의 본업에 집중할 수 없다 면 이미 잘못하고 있는 것이다.

(2) 목돈을 지출할 계획이 있는 경우

투자는 여윳돈으로 하는 것이란 말을 많이 들었을 것이다. 돈을 지출할 계획이 예정되어 있음에도 잠시 돈을 불려보겠다고 했다가 본래 계획했던 지출을 못 하게 될 수도 있다. 지출이 예정되어 있다 면 은행에 돈을 맡기거나 위험이 매우 낮은 만기가 정해져 있는 상품 을 이용하는 것 외에는 별로 할 수 있는 방법이 없다. 당연하지만 돈을 써야 할 일이 예정되어 있는데 가격이 어떻게 변할지 모르는 곳에 돈을 넣어서는 안 된다.

그림 4-1은 통계청이 발표한 '1인당 생애주기 적자'이다. 이를 통해 생애주기별로 소득과 소비를 살펴보면 27세부터 58세까지만 흑자이다. 쓰는 돈보다 버는 돈이 많은 구간은 딱 이 구간이라는 말이다. 평균적인 수준이라는 것을 감안하고 볼 필요는 있다. (그림에서 10대의 적자가 생각보다 크다고 생각하겠지만 이 기간은 주로 공공 교육 소비로 인한 영향이 크다. 정부를 통한 공공 이전으로 자산이 배분되는 것이다.) 그런데 경험해본 바로는 소비보다 노동소득이 많아지는 구간에 진입한다고 해서 크게 여유가 생기는 것도 아니다. 사회 진출 이후에는 소비할 일이 끊임없이 생긴다. 결혼이나 주거비 지출과 같은 목돈이 드는 소

그림 4-1 1인당 생애주기 적자

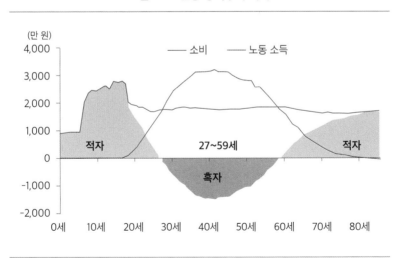

주: 2016년 기준 연령별 연평균 금액(2019년 12월 6일 발표)
자료: 통계청

비를 포함해 크고 작은 소비가 계속 예정되어 있거나, 예정에도 없던 돈을 써야 할 일이 생기기도 한다. 투자로 손실을 보고 있는데 결혼이라도 해야 하는 경우라면 손실을 확정해서라도 남아 있는 투자금을 회수해야 하기 때문에 투자가 실패로 끝날 가능성이 높다. 그러므로 당장 돈을 쓸 일이 예정되어 있다면 투자에 나서는 것을 자제해야 한다.

그 밖에 의지가 약한 사람, 귀가 얇거나 유혹에 약해서 급등·테마주에 현혹되기 쉬운 사람, '장기적으로 좋은 성과를 내보겠다'가 아니라 '단시간에 높은 성과를 내고 빠져나오겠다'는 생각을 갖고 있는 사람에게는 투자를 권하지 못하겠다. 다른 투자자들이 투자 확률을 높이는 것에 주력할 때 이러한 자세로 투자에 임하는 것은 투자 확률을 크게 떨어뜨리는 방법이다.

그러므로 이런 경우라면 투자에 임하기 전에 다시 한 번 생각해보는 것이 좋다. 지금 갖고 있는 재산도 투자를 통해 잃을 수 있기 때문이다. 이런 얘기가 새로운 이야기는 아닐 것이다. 많은 사람이 강조하는 부분이다. 그런데 실천은 결코 쉽지 않다.

어디서 어떻게 살(Buy) 것인가?

그림 4-2를 보자. 무엇인가의 가격 흐름이 있다. 이러한 흐름에서 투자를 한다면 어떤 시점에서 투자하기를 원하는가?

그림의 ⓐ~ⓚ 중에서 한번 선택해보자.

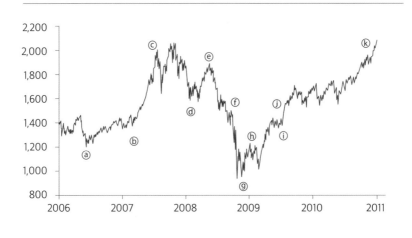

그림 4-2 어디서 살 것인가? 일단 한번 선택해보자

　　누구나 ⑧와 같은 가격의 저점에서 투자를 시작하기를 바랄 것이다. 이 경우처럼 가격이 어떻게 전개될지를 훤히 알 수 있는 상황에서의 선택은 당연히 쉽다. 하지만 실제 투자에 나서는 상황에서는 현재시점이 ⑧와 같은 상승 전환점인지, ⑥와 같은 급락의 시작점인지 알기 어렵다.

　　가격이 하락하는 중이라고 해도 어디가 하락의 끝인지 알기 어렵고, 상승 중이라도 해도 상승이 어디서 끝날지 장담할 수 없다. ⑤와 같이 상승세가 이어질 시점이라고 생각해서 매수했는데 나중에 보면 ⑥ 또는 ⑥처럼 단기 고점일 수도 있다. ⑧와 같은 완전한 바닥이라고 생각해서 샀는데 나중에 보면 ⑥에서처럼 한참 더 하락세가 이어져버릴 수도 있다.

　　여러 기준을 이용해 투자에 나서기에 적합한 시점과 그렇지 않은 시점에 대한 나름의 기준을 세워볼 수 있을 것이다. 하지만 그것은 절대적인 기준이 될 수 없다. 투자자마다 각자의 기준이 다르기 때문에 누군가는 싸다고 매수에 나서는 시점에서 누군가는 여전히 비싸다고 매도해버릴 수 있다. 사는 사람보다 파는 사람이 많으면 가격은 하락할 수밖에 없다. 그러면 치열한 고민 끝에 투자에 나섰다고 해도 적절한 타이밍이 아닌 게 되는 것이다. 그래서 가격 흐름은 '아무도 모른다'로 접근하는 것이 현명하다. 가격이 회복될 것이란 전제 아래 나눠서 산다는 접근이 중요하다.

앞의 그림에서 ⓕ를 저점이라고 생각해서 전 재산을 투자했다고 가정해보자.

ⓖ까지 하락하는 과정에서는 이성을 잃고 이후 ⓘ 수준으로 가격이 회복할 때까지 힘든 시간을 보내야 할 것이다. ⓖ나 ⓗ에서 실패를 인정하고 손절(손해를 보고 매도하는 것)해버리는 경우는 실패한 투자로 끝나버린다.

어디서부터 잘못된 것일까?

ⓕ를 저점이라고 생각한 것보다 훨씬 더 큰 실수는 ⓕ에서 전 재산을 베팅했다는 부분이다. 만일 ⓕ 시점에서 투자를 시작해 일정 주기(매주 또는 매월)로 1/n씩 매수하는 전략을 취했다면 성과는 괜찮았을 것이다. 그렇게 했다면 투자를 시작한 시점의 가격까지 회복하는 ⓘ 시점에 이르기 전에 이미 수익 구간이 되고 ⓚ까지 계속해서 보유한 경우는 당연히 성공적인 투자가 되었을 것이다.

시점을 잘못 택하는 것은 어쩔 수 없는 일이다. 하지만 한 번에 투자에 나서는 것은 손발을 꽁꽁 묶어 그다음의 행보를 어렵게 만드는 상당한 실수를 저지르는 일이다.

앞의 그림 4-2는 코스피(한국종합주가지수)의 흐름이었다. 2006년부터 2010년까지 5년의 기간만 나타낸 그림이다. 그 기간을 포함하여 현재까지의 코스피지수 추이는 그림 4-3과 같다.

2008년의 금융위기는 세상이 망할 것처럼 주가가 급락하고 다른 자산시장에도 상당한 영향을 미쳤다. 하지만 이렇게 지나서 보면 싼 가격에 투자에 나설 수 있는 대단히 좋은 기회였다.

현재 시점(글을 쓰고 있는 시점은 2020년 3월)은 코로나19 사태의 글로벌 확산과 그에 따른 리세션 우려로 금융위기 당시처럼 주가가 크게 하락해 있다. 책 집필을 마쳐야 하는 시점에서 그 이후의 시점을

그림 4-3 코스피 2005년 ~ 2020년 3월 20일

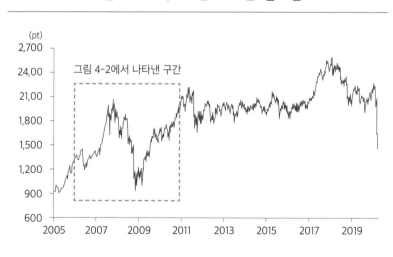

포함해 그릴 수는 없다. 이 책이 발간되는 시점에서는 주가 급락 이후의 전개를 알 수 있을 것이다. 그림 4-3의 차트가 끝난 시점은 그 앞 그림에서의 ⓕ에 가까울까, ⓖ에 더 가까울까?

코스피 차트를 소개한 것은 타이밍보다 중요한 것이 분할 매수라는 점을 설명하기 위한 것이다. 우리나라 주식시장을 대표하는 지수이기 때문에 코스피를 예로 든 것이다. 이 지수에 투자해야 한다는 얘기를 하려는 것이 아니다. 코스피는 지난 2012년부터 2016년까지 5년간 1,800~2,100pt의 박스권 안에 있었기 때문에 펀드나 ETF와 같은 수단을 이용해 이 지수에 투자했다면 적어도 이 구간에서는 별 의미 없는 저조한 성과를 내는 데 그쳤을 것이다.

장기분할 투자와 이평선 아이디어 ────────

난 여러분들에게 장기투자를 권하고 싶다. 장기투자는 모든 주식 거래 중 최고의 결과를 낳는 방법이다. 단기투자자가 성공할 확률은 극히 낮다. 독자 여러분이 나의 이 말을 믿고 그대로 행한다면 난 이 책을 아마 여기서 끝내야 할 것이다.

앙드레 코스톨라니, 《돈, 뜨겁게 사랑하고 차갑게 다루어라》

주가는 고르게 상승하지도 않고 일정하게 움직이지도 않는다. 이익을 꾸준히 내고 있는 기업이라고 해도 이익이 고르지 않을 수도 있다. 투자가 집중되어 주가가 급등했다가 다시 크게 하락하기도 한다. 주가를 싸게 살 수 있는 최적의 매수 타이밍을 잡기는 그래서 쉽지 않다. 그러므로 주식을 매수할 때는 나눠서 사는 것이 위험을 줄이는 일이다.

그런 생각을 해볼 수 있을 것이다. 시가총액 최상위의 종목을 매월 1주씩 혹은 10주씩 사서 모았다면 수익률이 어떻게 되었을까? 이런 식의 계산은 데이터를 직접 받아서 계산을 해보는 방법도 있지만 간단하게 차트를 이용해서 구하는 방법이 있다. 이동평균선을 이용하는 방법이다.

이동평균선을 모르는 사람은 없겠지만 의미를 정확하게 설명하면, 영어로는 'Moving Average'로 말 그대로 움직이는 평균을 의미한다. 예를 들어 20일 이평선의 경우는 지난 20일간의 종가를 평균한 것인데, 매일 새로운 종가가 기록되기 때문에 20일간의 평균값도 매일 바뀐다. 이 평균값들을 연결한 선이 이동평균선이다.

매월 말에 주식 투자를 했다고 하면 차트를 월봉으로 두고 이평선을 살펴보자. 월봉에서의 60이평선은 지난 60개월간 매월 종가의 평균값이 된다. 60개월이면 1년이 12개월씩이니 5년이 된다. 즉 5년간 매월 말 해당 종목의 주식을 1주씩 샀다면 현재 시점에서의 월봉상 60이평선 위치가 바로 그렇게 투자했을 때의 매수 평균가이다. 이 평균 매수가와 현재 가격을 비교해서 한 종목당 얼마의 수익을 냈는지 알 수 있는 것이다. 1주씩이 아니라 10주씩 샀다면 1주당 수익에 그만큼을 곱하면 될 것이다.

그림 4-4 매월 한 주씩 장기투자 했을 때의 평단가는 이평선으로 가늠해볼 수 있다

5년 동안의 투자 성과가 아니라 1년간 또는 10년간의 성과를 계산하기 위해서는 차트상의 이동평균선을 월봉상 60이평이 아닌 12이평이나 120이평으로 숫자를 바꿔주면 된다. 대부분의 차트 도구들이 이런 기능을 지원한다. 이처럼 간단하게 적립식 투자에서의 성과를 가늠해볼 수 있다.

매번 일정 주식 수 / 일정 금액, 뭐가 나을까?

일정 주기로 주식을 일정한 수로 사는 경우 평균 매입 단가는 이동평균선으로 가늠해볼 수 있다는 점을 설명했다. 그런데 실제 꾸준히 주식을 매입하기로 한다면 주식 수가 기준이 되어야 할까, 금액이 기준이 되어야 할까? 즉 A라는 종목을 '매월 10주씩 사겠다'는 접근이 좋을까, '매월 50만 원씩 사겠다'는 접근이 좋을까?

잠깐 생각해보면 알 수 있지만 일정한 금액씩 사는 것이 더 유리하다. 매번 같은 수의 주식을 산다면 주가가 바뀔 때마다 필요한 금액이 달라진다. 주가가 2배가 되면 동일한 주식 수를 사는 데 필요한 금액도 처음보다 2배가 필요하므로 부담이 커진다. 동일한 '주식 수' 기준으로 매수를 이어갈 때 금액적 부담이라는 측면보다 더 중요한 문제는 평균 매수단가 측면의 문제이다.

예를 들어 매월 50만 원씩 주식을 사겠다고 하면 주식이 5만 원짜리인 경우는 10주를 살 수 있다. 주식이 상승해서 6만 원이 된 경우는 8주를 살 수 있다(2만 원은 남는다). 주식이 상승해서 7만 원이 되면 7주를 사면 된다(1만 원이 남는다). 주가가 더 많이 상승해서 10만 원이 되면 5주를 살 수 있다. (일정한 금액을 사기로 했는데 주식 가격이 딱 안 떨어지는 경우는 딱 떨어지는 수량만큼만 사거나, 남은 현금을 남겨두고 다음번 매입 때 추가로 사거나 하면 된다.)

이런 식으로 금액을 일정하게 유지하면서 꾸준히 매수하면 주가가 싸질 때 더 많은 주식을, 비쌀 때는 더 적은 주식을 사게 된다. 결과적으로 매번 같은 수의 주식을 살 때보다 평균 매수단가가 낮아지는 효과가 있다.

이해가 잘 안 된다면 다음의 그림들을 보자(그림 4-5, 4-6, 4-7 참조). 특정 종목에 대해 금액을 일정하게 유지하면서 꾸준한 매수를 하는 경우와 주식 수를 일정하게 유지하면서 꾸준히 매수하는 경우의 평균 매수단가를 비교한 것이다. (언제부터 꾸준히 매입을 시작했느냐에 따라 2000년부터 샀을 때, 2010년부터 샀을 때, 2015년부터 샀을 때의 세 가지

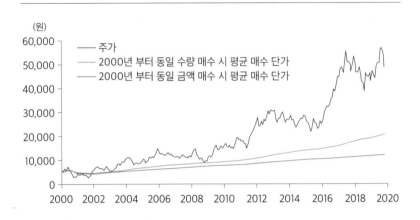

그림 4-5 2000년부터 매월 샀을 때 평균 단가: 동일 수량 vs. 동일 금액

(원)

—— 주가
—— 2000년 부터 동일 수량 매수 시 평균 매수 단가
—— 2000년 부터 동일 금액 매수 시 평균 매수 단가

그림 4-6 2010년부터 매월 샀을 때 평균 단가: 동일 수량 vs. 동일 금액

(원)

—— 주가
—— 2010년 부터 동일 수량 매수 시 평균 매수 단가
—— 2010년 부터 동일 금액 매수 시 평균 매수 단가

그림 4-7 2015년부터 매월 샀을 때 평균 단가: 동일 수량 vs. 동일 금액

로 구분해서 그림으로 나타냈다.)

금액을 일정하게 유지하면서 꾸준한 매수를 하는 경우나 주식 수를 일정하게 유지하면서 꾸준히 매수하는 경우나 처음에는 매수단가가 동일하게 시작하지만 시간이 지날수록 이 두 방법에서의 평균 매수단가는 계속 확대되는 것을 확인할 수 있다.

주식 투자는 위험하다는 인식이 여전히 있다는 것을 알고 있다. 위험하게 접근하면 위험하다는 데 동의한다. 하지만 이렇게 장기적으로 일정 금액씩 매수해가는 방법은 가격 변화의 위험을 낮추는 매우 유용한 방법이다.

'언제나 유망한 자산'은 없다

모든 자산에는 사이클이 있다. 즉 상승세를 탈 때가 있고 하락세를 나타낼 때가 있다. 영원히 오를 것 같았을 때, 생각지 못한 변수가 상승세에 제동을 걸 수 있다. 반대로 가격 상승은 이제 끝났다고 생각했을 때, 시간이 어느 정도 지나서 보면 그때가 바닥 부근 어딘가였을 수도 있다.

지금 시점에서 유망해 보이는 무언가를 얘기한다 해도 별 의미는 없을 것이다. 언제나 유망한 자산은 없기 때문에 이 글이 언제 읽히느냐에 따라 유망했던 것이 더 이상 그렇지 않을 수도 있고, 소외되었던 자산이 다시 관심을 받고 있는 상황일 수도 있을 것이다.

제로금리 시대라고 해서 특별히 수혜를 받을 만한 자산이 정해져 있지는 않다. 유망한 자산에 대해 고민하기 전에 자산의 속성을 먼저 이해하는 것이 중요하다고 생각한다.

5% 적금 접근법

반쪽짜리 고금리

2020년 초 한 은행에서는 5% 수준의 적금이 출시되었다. 이 적금에 가입하기 위한 접속자가 폭주해 해당 은행의 스마트폰용 앱 접속이 하루 종일 지연되는 사태를 빚었다고 한다. 단 3일 동안 가입자를 받은 이 상품의 가입자 수는 130만 명을 넘어섰다.

해당 상품의 인기는 고금리 상품에 대한 갈증을 보여주는 좋은 예이다. 은행연합회에서 이 상품이 판매된 시점, 시중은행들의 12개월 정기적금 금리를 조회해보면 1.0~2.4%까지 다양했다. 5% 수준의 적금을 출시한 해당 은행에서 가장 높은 금리를 적용하는 기존의 정기적금 금리는 2.1% 정도였다. 이를 감안하면 5%라는 금리는 기존 상품보다 앞자리가 3%p 이상 높다고 할 수 있기 때문에 분명 매력적인 부분이 있다.

이 상품은 어떻게 이렇게 높은 금리로 출시될 수 있었을까? 금전적인 측면에서 은행이 손해를 봤다고 보는 것이 맞다. 그런데 은행 입장에서 마냥 큰 금액을 손해 볼 수는 없기 때문에 월 가입 한도를 30만 원으로 제한했고, 적금 기간은 1년으로 정해놓았다. 이렇게 하면 은행이 지급해야 하는 최대 비용이 정해지게 된다. 은행은 최대 얼마가량의 (일종의) 보조금을 고객들에게 지급하게 되는 것일까?

표 4-1은 매달 30만 원씩 불입할 때 적금 금리별로 12개월 뒤 이자가 얼마가 될지를 계산한 것이다.

5% 금리를 기준으로 설명하면 처음 불입하는 30만 원에 대해서는 온전히 5%의 금리가 적용되어 1만 5,000원의 이자가 된다. 그다음 달에 불입하는 30만 원에 대해서는 5%의 12분의 11만큼, 또 그다음 달 30만 원은 5%의 12분의 10만큼… 이런 식으로 마지막으로 불입하는 30만 원은 1개월만큼만 5%의 금리가 적용된다. 그래서 최초 불입부터 1년 후 받게 되는 이자는 9만 7,500원이 되는 것이다. 이자에는 세금이 15.4% 부과되기 때문에 1만 5,015원의 세금이 빠져서 최종적으로 8만 2,485원의 이자를 받게 되는 것이다.

만일 2% 금리의 적금에 가입했다면 세후 이자는 표에서 확인할 수 있듯이 3만 2,994원이 된다. 이와 비교하면 5% 금리의 적금은 5만 원가량의 이자를 더 제공하는 것이다.

금리가 높은 것은 분명 맞는데, 월 가입 한도를 30만 원으로 정해

표 4-1 1년 만기 적금의 금리별 이자 계산

회차	불입 금액(원)	적금금리: 이자 적용(개월)	1.00%	2.00%	3.00%	4.00%	5.00%	5.01%
			1년 만기 시점에서의 이자(원)					
1	300,000	12	3,000	6,000	9,000	12,000	15,000	15,030
2	300,000	11	2,750	5,500	8,250	11,000	13,750	13,778
3	300,000	10	2,500	5,000	7,500	10,000	12,500	12,525
4	300,000	9	2,250	4,500	6,750	9,000	11,250	11,273
5	300,000	8	2,000	4,000	6,000	8,000	10,000	10,020
6	300,000	7	1,750	3,500	5,250	7,000	8,750	8,768
7	300,000	6	1,500	3,000	4,500	6,000	7,500	7,515
8	300,000	5	1,250	2,500	3,750	5,000	6,250	6,263
9	300,000	4	1,000	2,000	3,000	4,000	5,000	5,010
10	300,000	3	750	1,500	2,250	3,000	3,750	3,758
11	300,000	2	500	1,000	1,500	2,000	2,500	2,505
12	300,000	1	250	500	750	1,000	1,250	1,253
		1)~12) 합(a):	19,500	39,000	58,500	78,000	97,500	97,695
		세금(b)=a×15.4%:	3,003	6,006	9,009	12,012	15,015	15,045
		세후 이자(c):	16,497	32,994	49,491	65,988	82,485	82,650

놓았기 때문에 해당 상품 가입자의 최대 혜택은 5만 원 정도에 그치게 된다. 이는 신용카드 마케팅과도 비교해볼 수 있다. 가령 신용카드를 발급받아서 5만 원을 사용하면 10만 원을 지급한다거나 하는 마케팅은 지금도 우리가 어렵지 않게 접할 수 있다. 5% 적금도 따지고 보면 딱 이 신용카드 마케팅만큼의 혜택을 제공하는 정도라고 생각하면 될 것이다. 대신 이 상품에 가입한 고객은 이 은행의 다른 상품에 대한 잠재적 고객이 되기 때문에 은행 입장에서도 손해는 아닌 것

이다. 결국에는 이익일 것이라는 판단에서 이런 상품을 출시했을 것이다.

이번에는 예금금리와 적금금리를 비교해보자. 매월 30만 원씩 불입하는 적금은 1년 동안 30만 원의 12배인 360만 원을 불입하게 된다. 이러한 적금을 360만 원을 한 번에 불입하는 예금과 비교하면 어느 정도 수준의 금리와 비교할 수 있을까?

1년 만기 예금이면 360만 원에 금리를 곱한 값이 이자가 된다. 따라서 이자를 원금 360만 원으로 나눠서 예금금리를 구할 수 있다.

$$360만 원 \times 금리(\%) = 이자$$
$$\longrightarrow 금리(\%) = \frac{이자}{360만 원}$$

이런 방식으로 계산된 결과를 표 4-2와 같이 정리했다. 표에서 확인할 수 있는 것처럼 5%의 적금을 통해 받게 되는 이자는 해당 적금에서 누적해 불입하는 금액을 한 번에 예금하는 경우, 예금금리 2.7%일 때의 이자와 동일하다. 2.7%는 5%의 54% 수준이다. 불입 방식이 다르지만 동일한 이자를 받을 수 있는 예금금리는 적금금리의 약 절반 정도에 불과하다는 것을 알 수 있다.

예금과 적금의 금리를 비교한 이유는 적금이 불리하다는 점을 얘

표 4-2 적금금리, 예금금리와 비교

적금금리	1.00%	2.00%	3.00%	4.00%	5.00%	5.01%
한 번에 불입할 때의 예금금리	0.542%	1.083%	1.625%	2.167%	2.708%	2.714%

기하고자 함이 아니다. 목돈을 한 번에 불입하기 어려운 경우를 위해 적금이라는 형태가 존재하는 것이기 때문이다. 다만 숫자에 현혹되지는 말자는 점을 얘기하고 싶다. 만약 "우리는 10%짜리 적금을 준비했습니다"라는 은행이 있다면 각종 불편을 감수하고서라도 일단 가입부터 하고 볼 것인가? 적어도 혜택이 어느 정도인지는 따져볼 필요가 있다. "금리가 10%인 적금은 맞는데 우리는 월 최대 불입금액이 15만 원입니다"라고 한다면 이 은행은 월 최대 불입금액이 30만 원인 5% 적금 상품과 동일한 비용을 들여서 마케팅을 하는, 앞서 예로 든 상품과 사실상 다를 바 없는 상품을 출시한 것에 불과하다는 점은 이해하고 있을 필요가 있다.

위험과 성과

투자를 고려할 때 선택할 수 있는 자산은 다양하다. 주식과 채권 외에도 부동산, 원자재 등 종류가 많다. 어떤 자산에 관심을 갖는 것이 좋을까?

각 자산의 특성을 이해하면 어디에 관심을 가져야 하는지, 어디에 투자해야 할지가 분명해진다. 흔히 'High risk, high return(높은 위험도일수록 높은 수익)'을 얘기한다. 수익률을 높이기 위해서는 위험에 대한 노출도를 높이는 것이 필요하다.

나의 돈을 어디에 넣어두어야 가장 안전할까? 현금으로 갖고 있거나 예금에 넣어두는 것이 적어도 돈을 잃지는 않는 방법이다. 하지만 이 두 방법을 투자라고 할 수는 없을 것이다. 제로금리의 상황이 된다는 것은 돈의 가격이 그만큼 싸진다는 말이기 때문에 현금으로 갖고 있는 것이 과연 안전한 것인가 하는 부분을 생각해봤으면 한다. 자산가격이 하락하는 디플레이션에 장기간 빠지지 않는다면 현금으로 보유하는 돈의 가치는 실질적으로는 낮아지기 때문이다.

수익률을 높이기 위해서는 적어도 채권이나 주식 또는 실물자산에 관심을 가져야 한다. '하이 리스크, 하이 리턴'이니까 위험하지 않냐고 생각할지도 모르겠다. 투자에서 위험이라는 말은 그냥 다치고 마는 위험이 아니다. 투자에서 말하는 위험(risk)은 '불확실성'이라는

그림 4-8 위험과 성과의 관계

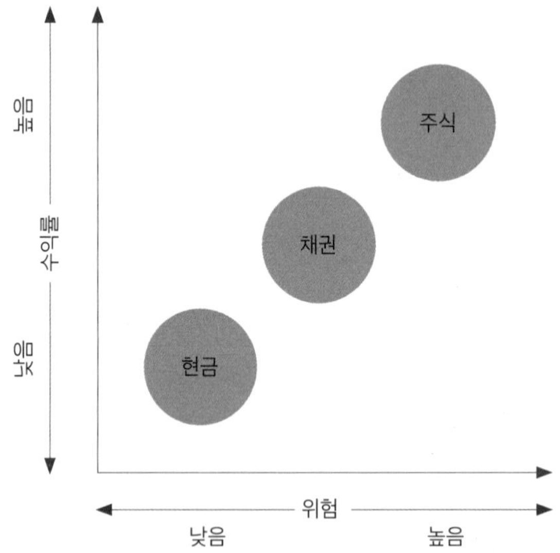

느낌이 크다. 투자에서 위험을 얘기할 때 'danger'라는 말을 쓰지 않고 'risk'라는 말을 사용하는데, 이 두 단어의 뉘앙스 차이를 생각해보자. '비교적 확실히 위험'이냐, 아니면 '위험의 가능성이 있느냐'라는 차이가 있다.

현재 직장인이라면 현금 흐름이 꾸준할 것이다. 이럴 때는 투자를 해야 한다는 생각이 그리 강하지 않을 수도 있다. 문제는 은퇴 이후, 고정적인 급여라는 현금 흐름이 끊기고 나서이다.

이때부터는 모아놓은 돈을 쓰거나 연금을 받아야 생활이 가능하다. 그런데 그것으로 부족하다면 그때 가서 어떻게 할 것인가? 앞의 '지켜야 할 원칙들' 부분에서 살펴본 것처럼 투자에서의 위험은 시간의 힘으로 낮출 수 있다. 이런 관점에서 은퇴 이후에 투자를 고민한다는 것은 너무 늦다.

주식 투자에 대한 생각

저금리와 주식시장

저금리 상황이 될수록 예금에 돈을 넣어봐야 의미 있는 수준의 이자가 나오지 않기 때문에 다른 투자 시장으로 돈이 이동할 가능성은 높아진다.

채권의 관점과 비슷하게 주식의 가치를 생각해볼 필요가 있다. 채권의 현재 가치는 미래의 현금 흐름을 현재화한 것이다. 일정 주기마다 받게 되는 이자와 만기에 받게 되는 원금을 할인율을 이용해서 현재 시점의 가치를 구한 후 합산하면 된다. 주식에서도 현금흐름할인(DCF: Discounted Cash Flow)이나 배당할인모형(DDM: Dividend Discount Model) 등 가치평가 모델이 존재한다. 채권에는 쿠폰이자가 있듯이 주식에는 배당이 있다. 기업이 이익을 유보하거나 기업의 영속 여부에 대한 가정에 따라 다양한 모델이 고려될 수 있다. 어떤 모델이든 기본적으로 현재 가치로 할인하는 과정이 사용되기 때문에 (다른 변수들이 그대로 유지된다는 가정 하에) 저금리는 주가 상승의 이유가 된다.

이런 식의 설명 없이도 저금리가 주식시장에 긍정적 요인임은 직관적으로 느끼고 있으리라고 생각한다.

최상위 종목 투자가 유리한 이유

주식에 투자한다는 것을 기업을 소유하는 것으로 설명하는 경우가 많이 있다. 전적으로 동의한다. 100조 원짜리 회사에 100만 원을 투자하면 1억 분의 1만큼 내가 그 회사를 소유하게 되는 것이다. (물론 이렇게 나의 소유가 1억 분의 1만큼에 불과하다면 정말로 내 회사 같지는 않을 것이다. 의결권이 있다고는 해도 1억 분의 1만큼만 영향력을 행사할 수 있다면 실질적으로는 기업의 의사결정에 영향력을 행사할 수 있다고 볼 수 없을 것이다.)

어떤 기업을 갖고 싶은가? 이익을 꾸준히 내고 있는 기업을 원하는가, 아니면 회사의 자산을 팔아가면서 근근이 버티고 있는 기업을 원하는가? 강력한 브랜드를 갖고 있는 기업을 원하는가, 아니면 경쟁기업의 제품과 별로 차별점이 없는 제품을 만드는 기업을 원하는가?

기업의 주가는 기업의 가치를 주식 수만큼 쪼개놓은 것이다. 기업이 가치가 있으려면 결국에는 이익을 잘 내야 한다. 미래에도 높은 이익을 계속해서 내기 위해서는 기업이 새로운 사업을 육성하거나 설비투자를 늘리는 등 투자를 잘하는 것도 중요하다. 그런데 기업이 투자 활동을 많이 하고 있다고 해서 그것이 잘하는 것인지, 잘 못하고 있는 것인지 투자자가 쉽게 알기는 어렵다. 그러므로 기업이 평소에 발전적이고 괜찮은 선택을 해왔는지도 중요하다. 투자자에게 믿음을 주는 행동을 지속적으로 해왔느냐, 아니면 투자자를 기만하려 했느냐 이런 부분도 중요하다. 보물선을 찾았다거나, 우리가 잘 모르는 지역에서 광물자원을 개발하고 있다거나, 획기적인 치료약을 개발한다거나 하는 소식은 그것이 사실이면 좋겠지만 얼마나 믿을 만한 소식인지 잘 따져봐야 한다.

이런 관점에서 시가총액 최상위 종목에 답이 있다고 생각한다. 시가총액이 높은 기업이 현재의 위치에 이르게 된 이유는 무엇보다 돈을 가장 잘 벌기 때문이다. 돈을 많이 버는 기업은 점점 더 경쟁에 유리해진다. 필요한 기술이 있다면 기술을 직접 개발하거나 해당 기술을 지닌 기업을 인수해서 활용할 수도 있다. 새로운 기술이 접목된 이 기업의 제품은 시장에서 높은 경쟁력을 바탕으로 소비자의 선택을 받을 가능성이 높다. 계속해서 사람들의 선택을 받으면서 매출과 이익이 점점 더 커진다. 소비자에게 높은 가치를 제공하기 때문에 가격을 높여도 소비자들의 선택을 받을 수 있다. 반면 기술적으로 우위를 점하지 못하는 기업은 기술로 경쟁이 안 되니 가격으로 경쟁을 하게 된다. 그러니 매출이 오르는 데는 한계가 있을 수밖에 없다. 부익

부 빈익빈의 상황이 어쩔 수 없이 이어지게 되는 것이다.

시가총액 최상위 종목은 복잡한 이슈가 적다. 주식 투자를 해본 사람이라면 공감하겠지만 기업들은 크고 작은 이슈에 직면한다. 다른 종목들의 주가가 대체로 다 하락할 때 내가 투자한 기업의 주가도 같이 하락하는 경우라면 덜하겠지만 내가 투자한 종목만 유독 하락하는 상황이라면 투자가 답답하고 재미없을 것이다.

투자자들을 당황시키는 이슈들에는 다음과 같은 것들이 있다. 유상증자, 무상증자, 감자, 특허 소송, 다른 기업과의 계약 파기, 경영진의 구속이나 횡령 등 해당 이슈를 겪는 종목에 투자를 한 경우는 머리가 아프다. 일이 어떤 식으로 해결될지 알 수 없기 때문이다. 이런 종목에 대한 대응 방법을 고심하기보다는 처음부터 이런 종목과 얽히지 않는 것이 최선이다. 시가총액 최상위의 종목들은 이러한 이슈가 발생할 가능성이 낮다.

높은 수익률을 추구하는 사람들은 대개 시가총액이 큰 종목을 피한다. 이미 비싸기 때문에 더 가격이 상승하는 데 한계가 있다고 생각하고 가격이 싼 종목, 시가총액이 작은 종목을 선택한다. 하지만 가격이 싼 종목들은 그만큼 더 많은 위험이 도사리고 있다는 사실을 간과해선 안 된다.

대가는 좋을 기업의 기준으로 어떤 조건을 얘기할까? 주식 투자의 대가를 꼽는다면 누가 가장 먼저 떠오르는가? 대부분 워런 버핏(Warren Buffett)을 얘기할 것이다.

1930년생인 워런 버핏은 11세에 주식 투자를 시작했다. 2019년 블

룸버그 기사*에 의하면 버핏은 893억 달러(1,200원 환율 적용 시 107조 원)의 재산을 갖고 있다. 워런 버핏이 투자에 있어서 하는 일은 해자(moat)로 둘러싸여 철통 방어되고 있는 성(castle)을 찾아내는 것이라고 한다.

> "우리가 하려는 것은 정직한 군주의 훌륭한 경제적 성을 보호하는 넓고 오랫동안 유지되는 해자로 둘러싸인 비즈니스를 찾는 것입니다."
>
> — 1995년 버크셔 해서웨이 주주총회에서 워런 버핏

우선 '해자'라는 단어가 생소한데, 해자는 성 주위를 둘러 판 구덩이를 말한다. 동물이나 외부인 침입을 막기 위한 것이다. 워런 버핏이 얘기한 비즈니스에서의 해자는 진입장벽 같은 것이라고 생각하면 좋을 것이다. 사업에 있어서 경쟁자들이 범접하기 어렵게 만들고 오랫동안 높은 이익을 낼 수 있도록 하는 요인들이다. 브랜드 파워, 특허, 원가 경쟁력 등은 기존 기업이 영위하는 사업에 대해 다른 기업들이 진입하기 어렵게 만드는 '장벽'이 된다.

경쟁력이 있는 기업은 어떤 조건을 갖춰야 할까?

《경쟁전략(Competitive Strategy)》(1980)과 같은 경영학 고전으로 유명한 '경영전략의 아버지' 마이클 포터(Michael Porter) 교수는 산업 환

---

* https://www.bloomberg.com/features/2020-emissions-billionaires

경의 경쟁적 세력을 다음 다섯 가지로 구분했다. ① 대체재의 위협, ② 시장 내 경쟁자와의 경쟁의 위협, ③ 신규 진입자의 위협, ④ 공급자의 협상력, ⑤ 구매자(고객)의 협상력 등이다. 경쟁력이 있는 기업은 이러한 위협들에 맞설 수 있는 경쟁력을 확보하고 있어야 한다.

특정 기업을 지정해서 하나씩 분석을 해보고 괜찮은 기업인가를 일일이 따져볼 수도 있을 것이다. 예전 같으면 그렇게 높은 경쟁력을 갖춘 기업이 숨겨져 있는 경우도 많았겠지만, 이제는 경쟁력 있는 기업을 따져서 발견하기 전에 그런 기업들은 이미 많은 투자자의 관심을 받아 비싼 가치를 지니고 있는 경우가 많다. 숨어 있는 보석 같은 기업 자체가 별로 없다.

그러므로 이런 기업에 투자하는 가장 간단한 방법은 이미 시장에서 가장 높은 가치를 지닌 기업에 투자를 하는 것이다. 이러한 기업은 영업이익을 이미 꾸준히 내고 있고, 향후에도 브랜드 파워나 경쟁력을 바탕으로 꾸준한 이익을 벌어들일 가능성이 있다. 또 이러한 기업은 이미 많은 사람들의 관심 속에 있을 것이고, 그렇기에 정보 공개나 경영에 있어서도 투명할 수밖에 없다.

이때 중요한 것은 주식의 가격이 기업의 가치보다 낮은 상태에서 투자할수록 유리하다는 점이다. 그런데 기업의 가치를 제대로 평가하는 문제는 쉽지 않다. 흔히 '기업의 이익에 비해 기업의 가격(시가총액)이 몇 배인가?', '앞으로 예상되는 이익에 비해 기업의 가격이 몇 배인가?', '기업이 지닌 자산의 가치에 비해 기업의 가격은 몇 배인가?'를 따져서 기업의 가치가 주가에 적절하게 반영되어 있는지를 살피게 되는데, Price Earnings Ratio(PER 또는 P/E), Price-To-Book Ratio(PBR 또는 P/B)와 같은 개념이 이런 것이다.

이러한 비율에 대해서도 절대적인 기준이 있는 것은 아니고 산업 별로도 차이가 큰 편이다. 그러므로 현재가 고평가인지 저평가인지 를 정확하게 얘기하는 것은 어려운 일이다. 주가가 기업의 가치 대비 싸다고 생각할 때 투자하는 것이 좋겠지만, 그러한 판단 자체가 쉽지 않은 것이다. 그나마 나은 방법은 경쟁력이 있는 회사의 주식을 한 번 에 사지 않고 나눠서 사는 것이다. 이는 189쪽 '지켜야 할 원칙들' 장 에서 이미 설명한 내용이다.

좋은 종목을 찾고 좋은 타이밍을 찾는 데 더 좋은 방법이 있을지 도 모르겠다. 하지만 필자가 얘기할 수 있는 바는 여기까지다. 이런 전략을 꾸준히 유지하는 것만으로도 좋은 성과를 낼 수 있다고 생각 한다.

주식 투자에서의 다양한 개념들

주식 투자에서 몇 가지 알아두면 유용한 개념들이 있다. 보통주와 우선주라는 개념도 그중 하나이다. 어떤 기업의 주식을 사려고 할 때 해당 기업의 종목들이 하나만 존재하는 경우도 있지만 때로는 '우' 라는 글자가 붙은 종목이 함께 검색된다. '우'가 붙은 종목은 우선주, '우'가 없으면 보통주이다. 이 둘은 어떻게 다를까?

① 보통주와 우선주의 가장 큰 차이는 의결권이 있느냐, 없느냐 여부이다.

② 이 둘은 따로 거래되는 것이고 투자자마다 선호도 다르다 보니 투자자의 구성도 다르다.

③ 보통주와 우선주의 가격도 서로 다르다.

어떤 기업의 주가를 얼마라고 얘기할 때는 일반적으로는 보통주가 기준이 된다. 보통주와 우선주가 모두 존재하는 기업의 시가총액은 (보통주 가격 × 보통주 주식 수) + (우선주 가격 × 우선주 주식 수)와 같이 보통주 시가총액과 우선주 시가총액을 모두 더해서 따진다. 보통주든 우선주든 모두 해당 기업이 발행한 주식이기 때문이다. 한국은 보통주와 우선주의 가격 차이가 큰 편이지만 해외에서는 그 차이가 그리 크지 않은 경우가 많다.

보통주를 갖고 있든 우선주를 갖고 있든 주식을 갖고 있으면 배당금이 지급된다. 보통주 1주를 갖고 있을 때 받는 배당금과 우선주 1주를 갖고 있을 때의 배당금이 별 차이가 나지는 않는다. 그런데 보통은 보통주에 비해 우선주의 주가가 싼 경우가 많다. 그래서 배당수익률(배당금이 현재 주가의 몇 %인지를 의미한다. 참고로 배당 기준일의 배당수익률은 시가배당률이다)은 우선주가 높게 계산될 수밖에 없다. 가령 보통주가 5만 원이고 우선주가 4만 원이면 똑같이 100만 원을 투자했을 때 보통주는 20주를 살 수 있다. 우선주에 투자한다면 25주를 살 수 있다. 1주당 배당이 1,000원씩 나온다면 전체 배당금은 보통주에 투자했을 때 20×1,000=20,000원, 우선주에 투자했을 때 25×1,000=25,000원이다. 이렇게 동일한 금액을 보통주와 우선주에 각각 투자할 때는 우선주에 투자할 때 보통 더 많은 배당금을 받게 된다.

배당수익률을 계산해보면 보통주 투자에서 20,000/1,000,000=2%, 우선주 투자에서 25,000/1,000,000=2.5%가 된다. 이렇게 배당을 받으면 주가가 전혀 오르지 않더라도 배당수익률만큼 수익이다. 기업이 당기순이익 중에서 얼마나 배당하느냐를 '배당성향(즉, 배당성향 = 주당 배당금 / 주당 순이익)'이라고 하는데, 우리나라 기업들의 배당성향은 높아지는 추세이기 때문에 꾸준히 주식 투자 규모를 늘려

배당은 언제 지급될까?

채권마다 이자 지급이 이뤄지는 주기가 다르듯이 배당금의 경우도 연 1회 연말 배당을 하는 기업이 있고 분기별로 배당하는 기업도 있다. 연말 배당은 12월 마지막 거래일이 기준일이 된다. 분기 배당을 실시하는 기업은 3월, 6월, 9월, 12월의 마지막 거래일이 기준일이 된다. 주주명부에 이름이 기재되는 것은 주식을 매수하고 2거래일 이후이기 때문에 마지막 거래일부터 2일 전에 주식을 매입해야 배당을 받을 수 있다. 12월의 경우는 마지막 평일이 휴장일이기 때문에 평일 기준으로는 다른 분기보다 하루 더 빨리 매수해야 배당을 받을 수 있다.

배당 기준일부터 실제 배당이 지급되는 데는 2개월가량 걸린다고 보면 된다. 연말 배당은 주주총회 이후에 지급되는 경우가 많아서 더 늦어진다. 삼성전자의 경우 2019년 배당이 지급된 시점은 4월 20일, 5월 20일, 8월 20일, 11월 20일이었다.

한국예탁결제원의 증권정보포털(http://www.seibro.or.kr/)에서 주식 → 배당정보 → 배당내역상세 또는 주식 → 주식권리일정 → 대금지급일정 순서로 찾아 들어가면 기업들의 배당 정보를 확인할 수 있다.

간다면 앞으로는 더 많은 배당을 받게 될 가능성이 높다.

보통주와 우선주의 차이와 배당에 대해 살펴봤다. 그럼에도 보통주와 우선주 중에 어느 쪽이 확실히 좋다고 일반화해서 얘기하기는 어려운 부분이 있다. 둘 중에서 어떤 종목을 선택할지 결정하지 못하겠다면 보통주를 선택하는 것이 무난하지만, 조금이라도 더 많은 배당을 원한다면 주가가 상대적으로 낮은(일반적으로 우선주의 주가가 낮다) 쪽을 선택하면 된다. 그래도 결정이 어렵다면 우선주와 보통주를 절반씩 사는 것도 방법이다.

채권 투자,
이렇게 하자

주식 투자에 비해 채권 투자에 대한 관심은 일반적으로 낮다. 하지만 주식에만 투자할 것이 아니라 채권이나 채권형 ETF 또는 자산배분형 ETF 등에도 관심을 갖는다면 기초 자산으로 포함되는 채권에 대한 이해는 필수적이라고 생각한다. 그래서 이번 장에서는 채권에 대해 자세히 다뤄보았다. 다른 자산에 비해 분량은 다소 많아 보일 수 있다. 그만큼 필자가 채권에 대해 애정을 갖고 있다고 이해해주셨으면 한다.

채권이란 무엇인가?

채권은 기업이나 정부, 지방자치단체가 자금을 차입하기 위해 발행하는 유가증권이다. 돈을 빌리고 받기 위한 증거라는 관점에서 채권은 일종의 차용증이라고 할 수도 있을 것이다. 차용증은 돈을 빌려주는 사람과 빌리는 사람의 합의로 작성되는데 여기에는 얼마의 돈을 빌렸는지, 언제까지 빌릴지, 이자는 얼마를 지급할지가 포함된다. 이와 비교하면 채권도 비슷한 속성이 있다. 만기가 정해지고 이자와 이자 지급주기가 정해지기 때문이다. 하지만 누구나 채권을 발행할 수 있는 것은 아니다. 채권 발행주체의 자격과 발행 요건이 법으로 제한되어 있고 보통의 차용증과는 달리 법적인 제약과 보호를 받는다.

채권을 주식과 비교해보자. 기업이 주식을 신규로 더 발행하면 기존 주식의 가치는 낮아지고 기존 주주들의 지분율이 낮아진다. 새롭게 발행된 주식을 인수하는 투자자에게 주주의 권리가 분산된다. 하지만 기업이 새로운 주식을 발행한다고 해서 원금과 이자를 상환할 부담이 생기는 것은 아니다. 주식은 대차대조표상 자본이다. 반면 기업이 채권을 발행해 자금을 차입하게 되면 이는 이 기업의 부채이다. 채권의 이자 지급 스케줄에 따라 기업은 투자자에게 이자를 지급하고 만기에 원금을 상환해야 한다.

기업이 돈을 빌린다는 관점에서는 기업의 채권 발행을 기업의 금융기관 대출과 비교할 수도 있다. 기업이 은행 대출 대신에 채권을 발행하는 경우는 어떤 이유 때문일까? 기업이 대출을 받는 경우 고객들이 맡긴 예금이 이용된다. 따라서 규모 면에서 제약이 따른다. 은행 입장에서는 기업에 무턱대고 돈을 빌려줄 수도 없다. 고객으로부터 받은 예금을 대출해주고 생기는 돈을 떼일 위험에 대해 은행이 책임져야 하기 때문이다. 그러므로 대출자인 기업이 돈을 제대로 갚을 수 있는지에 대한 심사도 필요하다.

기업 입장에서 생각해보면 기업의 신용이 좋은 경우 굳이 은행을 통할 필요가 없다. 돈을 빌려준다고 하는 기관에서 직접 돈을 빌리면 된다. 이 경우 채권을 발행하게 되는데, 채권 수요자들이 경쟁적으로 입찰을 하기 때문에 자금을 빌리는 비용(=금리)도 더 낮아질 수 있다.

이번에는 투자자의 관점에서 살펴보자. 투자자가 채권에 투자하는 것과 주식에 투자하는 것은 어떤 차이가 있을까? 채권은 그야말로 '빌려준 돈'이라서 나중에 '받을 돈'이 된다. 채권은 만기가 정해져 있고 만기 시점에 원금이 회수된다. 중간에는 일정 기간마다 이자도 지급받는다. 그러므로 채권에 투자한다는 것은 고정된 현금 흐름을 사는 행위다. 반면 주식은 보유하고 있다고 해서 보장된 현금 흐름을 갖고 있는 것이 아니다. 오히려 정해진 것이 거의 없다. 주식 가격은

표 4-3 주식과 채권 비교

	채권	주식
발행주체	정부, 공공단체, 특수법인, 주식회사	주식회사
자본의 성격	타인자본(부채)	자기자본
증권 소유자 지위	채권자	주주
경영참가권	없음	있음
증권 소유자 관리	확정이자 수령권, 원금을 상환받을 권리	배당 가능 이익 있을 때 배당금 수령

오를 수도 있고 하락할 수도 있는데, 계속해서 가격이 하락하더라도 보상받을 방법이 있는 것도 아니다. 주식을 보유하고 있으면 배당금은 지급받을 수 있겠지만 배당금이 정해져 있는 것도 아니며 회사 사정에 따라 지급될 수도, 안 될 수도 있다. 주식은 투자자가 보유한 지분만큼 회사의 주인이 되는 것으로 주식 보유자는 회사의 중요한 의사결정에 참여할 수 있다. 물론 소액주주는 회사의 의사결정에 참여하는 것도 매우 제한적일 수밖에 없다.

채권은 누가 발행할까?

채권을 발행하는 주체는 국가의 정부, 지방자치단체, 주식회사 등이다. 누가 발행하느냐에 따라 채권을 부르는 명칭도 구분된다. 예를 들어 국가가 발행하는 채권은 국채라고 한다. 국가가 채권을 발행하는 이유는 공공 목적에 필요한 자금을 확보하거나 이미 발행된 국채를 상환하기 위해서다. 국채에도 종류가 많다. 국가 재정정책 수행에 필요한 자금을 조달하기 위해 발행하는 국고채, 주택 매매 시에 첨가소화되는 국민주택채권, 외국환 거래법을 근거로 발행하는 외국환평형기금채권(외평채), 부족한 재정을 보전하기 위한 재정증권 등이 있다. 이들 국채 중 국고채가 발행 규모와 유통량이 가장 많다.

서울특별시, 서울도시철도 등 중앙정부가 아닌 지방자치단체가 발행하는 채권은 지방채라고 한다. 한국전력공사, 한국도로공사 등 공기업이 발행하는 채권은 공사채라고 하며, 특별법에 의해 설립된 법

첨가소화채권

말 그대로 '첨가'해서 '소화'되는 채권이다. 승용차를 구입해 등록할 때, 부동산을 등기할 때 의무적으로 매입하도록 되어 있는 채권이다.

승용차나 주택을 구입해본 독자는 이 부분에 대한 이해가 어느 정도 있을 것이다. 승용차나 주택을 구입했음에도 대부분은 매입하는 즉시 할인해서 매도하는 방법을 택하기 때문에(그런 방법을 안내 받으므로) 채권을 매입했었다는 사실을 잘 모를 수도 있다. 주택 구입 시 매입해야 하는 국민주택채권은 주택 가격에 따라 주택 가격의 1.3~3.1%이다. 주택 가격은 국토교통부가 공시하는 시가표준액을 기준으로 한다. 가령 서울에 소재한 시가표준액 5억짜리 집을 매매한다면 2.6%의 매입률이 적용되므로 1,300만 원어치의 국민주택채권을 사야 한다. 사자마자 할인율만큼 손해 보고 팔아버리는 방법을 이용할 수 있다. 채권할인율이 2%이면 26만 원만 손해 보고 팔면 되는 것이다. 첨가소화채 매입 의무는 실질적으로는 세금과 같은 성격을 갖고 있다고 생각하면 된다.

첨가소화채는 주로 국가나 지방자치단체가 사회복지시설을 확충하거나 공공의 목적으로 자금을 조달할 때 발행된다. 승용차를 구입해 등록할 때 서울시 거주자는 서울도시철도채권, 광역시 거주자는 지방도시철도채권, 시·도·군 거주자는 지역개발채권을 매입해야 한다. 또 아파트를 분양받거나 주택을 구입해 등기할 때는 국민주택채권을 매입해야 한다.

인이 발행한다는 의미에서 특수채라고 부르기도 한다. 금융채는 금융기관이 발행하는 채권이다. 금융채에는 은행이 발행하는 은행채, 카드사가 발행하는 카드채, 캐피탈 사가 발행하는 캐피탈채 등이 있다. 우리나라 중앙은행인 한국은행이 공개시장 운영을 하기 위해 발행하는 채권인 통화안정증권(통안채)은 금융채에 포함시킬 수도 있지만 별도로 분류하기도 한다. 회사채는 상법상 주식회사가 발행하는 채권이다. 채권의 종류별 발행 잔액은 표 4-4와 같이 정리할 수 있다.

표 4-4 채권 종류별 잔액(2019년 말 기준)

구분		잔존액(조 원)	종목 수	잔존액 비중(%)
전체		1,970	25,295	100
국채		688	247	34.9
	국고채	612	59	31.0
	3년물	47	6	2.4
	5년물	99	10	5.0
	10년물	208	17	10.6
	20년물	125	12	6.3
	30년물	116	6	5.9
	50년물	7	2	0.3
	물가연동국채	9	6	0.5
	원금이자분리채권	91	201	4.6
	국민주택채권	77	188	3.9
지방채	서울특별시, 대전광역시, 서울도시철도, 지방도시철도 등	21	1,362	1.1
공사채	한국전력공사, 한국도로공사, 서울교통공사, 부산도시공사, 주택금융공사 MBS 등	326	3,453	16.5
통안채		164	41	8.3
금융채		438	6,483	22.2
	은행채	278	1,754	14.1
	카드채	62	1,516	3.2
	캐피탈체	98	3,212	5.0
회사채		334	13,689	16.9
	일반	233	3,987	11.8
	ABS	48	2,686	2.4
	주식 관련채	53	7,016	2.7

자료: 인포맥스

채권의 특징

가장 일반적인 채권의 형태로 설명하면, 투자자가 채권을 매입하는 경우 만기까지 일정한 주기로 쿠폰 이자를 지급받고 만기에 원금을 상환 받게 된다. 이처럼 채권은 현금 흐름이 고정되어 있다는 특징이 있다. 따라서 채권을 산다는 것은 고정된 현금 흐름을 사는 행위다. A라는 채권수익률이 2%라고 하면, 이는 만기까지 보유하는 경우 2%의 연투자수익을 얻을 수 있다는 의미다. 이 부분을 잘 이해하는 것이 채권 투자에 있어서 핵심적이다.

(1) 채권에는 안전벨트가 있다

2% 수익률의 채권을 매입했다고 가정해보자. 이 채권을 보유하고 있다가 채권 가격이 비싸지면 팔아서 수익을 확보해도 된다. 채권을 샀는데 가격이 하락하는 경우라도 만기까지 보유하게 되면 애초 만기 시점까지 2%라는 연평균 투자수익률에는 변함이 없다. 앞서 설명한 것처럼 채권을 산다는 것은 고정된 현금 흐름을 사는 것이기 때문이다.

그래서 채권은 대표적인 안전자산으로 분류할 수 있다. 채권의 발행주체만 파산하지 않으면 채권 투자자는 채권의 만기일까지, 이미 매입 시점에 정해지는 투자수익률을 확보할 수 있는 것이다. 채권의 발행주체가 파산하는 경우는 약속된 현금 흐름이 보장되지 않는다. 채권의 발행주체가 국가인 경우 (그 국가가 어디냐에 따라 가능성은 다르겠지만) 국가가 파산하는 경우는 드문 일이기 때문에 국가가 발행한 채권인 국채는 비교적 금리가 낮게 형성된다. 파산할 위험이 낮기 때문에 높은 금리로 투자자들을 유인할 필요가 없기 때문이다. 수요자 입장에서는 안전하기 때문에 보상(금리)이 낮아도 수요가 존재한다.

신뢰도가 낮은 발행주체가 발행한 채권일수록 채권의 금리는 높아진다. 돈을 떼일 리스크(위험)에 대해 더 많은 보상이 주어져야 하기 때문이다. 또 만기가 길어지면 돈을 떼일 위험도 커지기 때문에 일반적으로 채권의 만기에 비례해 채권 금리는 높아진다. 신용도가 낮을수록 만기에 따라 금리가 높아진다는 특징은 더욱 분명해진다. 신용도가 낮으면 만기에 따른 리스크를 더 크게 반영하기 때문이다.

(2) 채권은 환금성이 좋다

채권도 주식처럼 시장에서 매매할 수 있다. 예금과 비교하면 예금은 만기 이전에 중도 인출을 하게 될 경우 약속된 이자를 거의 포기해야 한다. 채권은 만기 이전에라도 돈이 필요해지면 시장에서 매매해 원금을 회수할 수 있다. 채권에 따라 유동성이 좋지 않은 경우도 있다는 점은 채권 매매에 있어 유의해야 할 부분이다. 만기까지 보유할 계획이라면 유동성을 고려하지 않아도 되지만 중도 매매를 염두에 둔다면 투자할 채권의 유동성도 따져봐야 한다.

(3) 금리와 가격은 역의 관계

채권 금리가 오르면 가격은 하락하고, 금리가 하락하면 가격은 오른다. 이는 채권을 설명할 때 필수적으로 다뤄지는 부분이다. 이런 식으로 이해하는 것이 좋다. 채권은 만기까지 현금 흐름이 고정되다 보니 금리가 높아지면 더 높은 수익률을 보장하기 위해서 가격이 더 낮아져야 한다는 원리로 생각해보는 것이다.

채권 가격에 대한 공식은 다음과 같이 나타낼 수 있다.

$$P=C\left[\frac{1-(1/(1+r)^t)}{r}\right]+\frac{F}{(1+r)^r}$$

* P: 채권 가격, C: 쿠폰 금액, r: 만기 수익률, F: 액면가

공식이 복잡해 보이지만 의미로 보면 단순하다. 예를 들어 2년 만기의 채권이 있고, 이자 지급은 1년에 한 번씩 있다고 가정해보자. 이 채권의 현금 흐름은 다음과 같이 나타낼 수 있다.

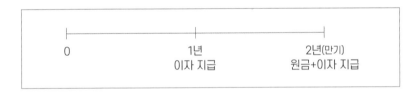

현재 시점(위 그림에서 현금 흐름이 시작하는 '0'에 해당하는 시점)에 이 채권의 가격은 어떻게 계산될까?

다음의 세 가지를 모두 합산해 구할 수 있다.

① 1년 뒤 지급되는 이자를 현재 시점('0'의 시점)으로 할인
② 2년 뒤 지급되는 이자를 현재 시점('0'의 시점)으로 할인
③ 2년 뒤 지급되는 원금을 현재 시점('0'의 시점)으로 할인

이를 수식으로 나타내면 다음과 같다.

$$채권 \ 가격 = \frac{이자}{1+r} + \frac{이자}{(1+r)^2} + \frac{원금}{(1+r)^2}$$

앞서 소개한 채권 가격 공식보다는 위의 도표가 이해하기 쉬울 것이다. 즉 현재 시점에서의 채권 가격은 현금 흐름상의 이자와 만기 시점의 원금을 현재 시점으로 할인한 것의 합이다. 결국에는 이자와 원금을 나누는 분모에 r이라는 수익률(금리)이 있다. 그래서 채권의 금리가 오르면 가격이 하락하고, 금리가 낮아지면 가격이 높아지는 금리와 가격의 역의 관계가 성립된다.

(4) 채권은 금리로 얘기한다

예를 들어 삼성전자 주식을 얘기할 때는 이 주식이 현재 4만 원인지 5만 원인지를 얘기한다. 반면 어떤 채권에 대해 얘기할 때는 이 채권이 1.67%라는 식으로 금리를 얘기하지 9,774원이라고 가격으로 얘기하는 경우는 별로 없다. 채권도 주식처럼 가격이 존재하지만 가격으로 얘기하면 만기까지의 투자수익률이라는 중요한 정보가 빠지게 된다. 채권을 금리로 얘기하게 된 것은 정보 전달 측면의 장점 때문일 것이다.

채권 투자는 매력적일까?

금리가 하락하는 경우 채권 투자는 양호한 성과를 낸다. 2019년 한 해를 예로 들면 2019년 초 10년물 국채 금리는 1.95% 정도였다. 연말에는 1.68% 정도로 내려왔다. 연초에 사서 연말에 팔았다면 수익률은 어느 정도였을까?

위에서 10년물 국채라고 설명했지만 채권은 발행 시점마다 표면금리, 잔존 기간 등이 달라진다. 10년물 국채도 한 가지만 있는 것이 아니라 발행 시점마다 금리 상황이 다르기 때문에 만기는 10년으로 동일하더라도 표면 금리가 달라진다. 좀 더 구체적인 예로 투자수익률을 따져보기 위해 2018년 12월 10일에 발행된 국고02375-2812(18-10)이라는 10년물 국고채*를 2018년 말에 매입해서 2019년 말에 매도하는 경우 투자 성과를 계산해보자.

2019년 초 1.956%였던 국고18-10의 금리는 2019년 말 1.690%로 1년 만에 26.6bp 하락했다. 채권 금리가 하락했기 때문에 채권 가격은 상승했다. 여기서 자본 차익이 생기는데, 금리 변동 폭에 채권의 듀레이션을 곱해서 금리 하락에 따른 가격 변화를 계산할 수 있다. 여기에 채권을 보유한 1년 동안의 이자수익도 고려해야 한다. 채권은 채권의 표면 금리만큼의 이자가 매년 지급된다. (이자의 지급주기는 채권마다 다른데, 우리나라 국채의 경우 6개월마다 이자가 지급되어 1년 동안 표면 금리의 절반에 해당하는 이자가 두 번에 나눠서 지급된다. 이번 예처럼

---

* 쉽게 18-10이라고 줄여서 부른다.

1년간의 이자를 따지는 경우에는 두 번에 나눠서 지급이 되든 네 번에 나눠서 지급이 되든 1년 동안 받게 되는 이자는 표면 금리만큼이므로 이자 지급주기를 굳이 따질 필요는 없을 것이다.)

해당 채권에 대한 2019년 한 해의 수익률은 자본차익 1.8%와 이자수익 2.3%로 총 4.1%이다. 세금을 내기 전의 수익률이 4.1%이다. 채권은 이자소득에 대해 15.4%의 세금(예금, 적금과 동일한 세율)을 내야 하는데, 세후 수익률도 3.8%로 양호하다. 참고로 채권 투자에서 자본차익에 대한 세금은 없다.

2019년 중 10년물 국채 금리는 8월 16일 1.172%로 최저점을 기록하고 이후 상승하는 흐름이었다. 따라서 차익 실현 시점이 연말이 아니라 9월이나 10월 정도로 더 빨랐다면 투자수익률은 더 높았을 것이다.

이처럼 특정 채권의 투자 성과를 직접 계산할 수도 있지만 채권지수를 통해서도 투자 성과를 가늠해볼 수도 있다. 채권지수에도 종류가 많다. 한국거래소에서 발표하는 KRX 채권지수 중 국채 5~10년에 해당하는 지수로 투자 성과를 살펴보면 2019년 중 총수익지수로 본 성과는 +4.3%, 제로재투자지수로 본 성과는 +3.8%, 콜재투자지수로 본 투자 성과는 +4.0%이다.

총수익지수는 이자로 지급받는 부분을 다시 해당 채권에 투자한다고 가정할 때의 성과를 나타내는 것이다. 제로재투자지수는 이자로 지급받는 부분을 다시 투자하지 않는 것을 가정할 때의 성과를 나타내는 것이다. 2019년은 전반적인 채권 금리가 하락한 해에 해당하기 때문에 이 정도의 수익률이 가능했다.

전반적으로 저금리의 상황이지만 향후에도 금리가 어느 정도 하락하는 구간에서는 그래도 괜찮은 투자 성과를 얻을 수 있다(국고채 10년물 금리가 1.0~1.5%라 하더라도 30bp가량의 금리 하락을 기대할 수 있는 구간이 있다면 3.5~4.0%가량의 성과를 낼 수 있다). 반대로 금리가 하락하는 구간이 아닌 경우에는 자본차익 부분이 없기 때문에 채권에 대한 투자 성과가 그리 크지 않다.

채권 투자 성과를 더 높이기 위해서는 높은 금리의 채권에 투자하면 된다. 국내에도 금리가 높은 채권이 존재하지만 일반 사람들에게 추천하기에는 현실적인 어려움이 있다. 기관 투자자라면 리스크를 평가하고 적절하게 분산해 위험을 낮추는 방법이 가능하지만 일반

총수익지수(Total Return Index)

채권으로 얻는 전체 총성과를 나타내는 지수. 자본손익 및 경과이자수익 외에 쿠폰 지급 등 발생된 현금을 채권지수에 편입된 전체 채권 종목에 재투자한다고 가정할 때 얻을 수 있는 재투자수익이 포함됨.

제로재투자지수(Reinvest Zero Index)

채권의 자본손익 및 경과이자수익 외에 쿠폰 지급 등의 현금 흐름 발생 시 이를 재투자하지 않는다고 가정할 때 얻을 수 있는 성과를 나타낸 지수

콜재투자지수(Reinvest Call Index)

채권의 자본손익 및 경과이자 수익 외에 쿠폰 지급 등의 현금 흐름 발생 시 재투자에 대한 가정을 콜금리로 하는 지수

표 4-5 한국의 채권 종류별 금리

종류	종류명	신용등급	3월	6월	1년	2년	3년	4년	5년	7년	10년	15년	20년
국채	국고채권	-	1.217	1.235	1.232	1.251	1.277	1.359	1.400	1.521	1.602	1.628	1.627
	제2종 국민주택채권	-	0.974	0.996	1.017	1.047	1.159	1.198	1.282	1.421	1.631		
	제1종 국민주택채권	기타 국채	1.232	1.254	1.274	1.303	1.381	1.407	1.490				
지방채	서울도시철도 공채증권	-	1.270	1.292	1.311	1.342	1.426	1.455	1.539	1.600			
	지역개발 공채증권	기타 지방채	1.270	1.292	1.311	1.342	1.426	1.455	1.539				
특수채	공사채 및 공단채	정부 보증채	1.298	1.309	1.317	1.343	1.433	1.463	1.543	1.590	1.705	1.701	1.702
		AAA	1.336	1.347	1.355	1.383	1.466	1.491	1.564	1.617	1.734	1.731	1.728
		AA+	1.370	1.390	1.405	1.437	1.520	1.552	1.661	1.754	1.927	1.951	1.976
		AA	1.426	1.448	1.471	1.512	1.600	1.639	1.764	1.860	2.036	2.076	2.111
	주택금융공사 MBS	-	1.336	1.350	1.359	1.387	1.473	1.494	1.567	1.620	1.734	1.734	1.733
통안 증권		-	1.225	1.226	1.247	1.247							
은행채	무보증	AAA(산금채)	1.320	1.321	1.321	1.342	1.439	1.469	1.562	1.633	1.780	1.811	1.846
		AAA(중금채)	1.320	1.321	1.321	1.342	1.439	1.486	1.577	1.659	1.815	1.847	1.884
		AAA	1.338	1.342	1.356	1.386	1.489	1.517	1.594	1.698	1.874	1.906	1.951
		AA	1.535	1.552	1.597	1.669	1.816	1.845	1.960	2.062	2.256	2.390	2.496
		A+	1.787	1.867	1.952	2.033	2.185	2.219	2.325	2.461	2.744	2.839	2.933
카드채, 리스채, 할부 금융채	무보증	AA+	1.516	1.511	1.500	1.509	1.595	1.623	1.719	1.893	2.298		
		AA0	1.538	1.530	1.518	1.530	1.632	1.664	1.868	2.096	2.530		
		AA-	1.577	1.571	1.567	1.615	1.724	1.778	1.993	2.268	2.771		
		A+	1.708	1.711	1.737	1.800	2.034	2.162	2.368	2.726	3.195		
		A0	1.920	1.924	1.933	2.056	2.377	2.570	2.799	3.071	3.472		
		A-	2.534	2.668	2.681	2.759	3.115	3.291	3.495	3.753	3.997		
		BBB	3.893	4.275	4.555	4.922	5.444	5.544	5.864	6.229	6.850		
회사채 (공모 사채)	보증	시중은행	1.444	1.449	1.474	1.533	1.637		1.745				
		우량 지방 은행	1.557	1.569	1.604	1.664	1.806		1.999				
		기타 금융기관	1.749	1.831	1.977	2.209	2.499		2.784				
	무보증	AAA	1.475	1.487	1.507	1.533	1.604	1.627	1.702	1.766	1.892		
		AA+	1.506	1.514	1.531	1.551	1.626	1.652	1.744	1.893	2.169		
		AA0	1.546	1.554	1.568	1.588	1.661	1.687	1.804	2.045	2.555		
		AA-	1.578	1.586	1.600	1.617	1.687	1.752	1.911	2.248	2.904		
		A+	1.649	1.659	1.673	1.702	1.880	2.011	2.311	2.657	3.314		
		A0	1.794	1.813	1.838	1.878	2.150	2.360	2.728	3.089	3.768		
		A-	2.017	2.054	2.099	2.208	2.592	2.865	3.313	3.624	4.284		
		BBB+	2.660	3.019	3.589	4.485	5.210	5.268	5.464	5.596	5.945		
		BBB0	3.040	3.523	4.264	5.430	6.258	6.308	6.510	6.648	7.063		
		BBB-	3.713	4.319	5.251	6.591	7.629	7.736	7.931	8.067	8.489		

주: 2020년 2월 7일 종가 기준
자료: 금융투자협회

투자자에게 분산과 리스크 관리는 쉽지 않은 일이다.

한국에서는 표 4-5에서 확인할 수 있듯이 의미 있게 높은 채권 금리를 기대하려면 상당히 낮은 등급의 채권에 투자해야 하는데, 이러한 등급의 기업들이 활발하게 채권을 발행하고 있는 것도 아니다. 즉 한국에서는 높은 금리를 제공하는 채권시장이 부재하다고 할 수 있다. 그래서 해외 채권으로 눈을 돌리는 국내 투자자도 많은데, 해외 채권에 투자하고자 하는 경우에는 신용 위험과 환율 위험에 대해 충분히 고려해봐야 한다.

표 4-6 주체별 채권 거래대금

(단위: 조 원)

	국채	지방채	특수채	통안증권	은행채	기타금융채	회사채	ABS	합계
증권사 간	1,461	4	72	554	258	176	62	49	2,635
은행	250	2	58	174	103	15	13	1	617
자산운용(공모)	192	1	31	92	140	92	31	5	585
자산운용(사모)	4	0	1	1	9	4	2	1	22
보험	142	2	23	13	18	11	22	1	231
종금상호	9	0	5	7	7	4	4	6	42
기금 공제	69	2	23	17	17	13	10	8	159
외국인	99	0	0	42	3	0	0	0	144
국가 지자체	14	0	2	13	4	11	8	1	52
기타법인	11	1	3	7	11	30	14	46	124
개인	1	0	0	0	1	1	4	2	9
전체	2,252	12	219	920	571	356	169	120	4,619

주: 2019년 기준
자료: 인포맥스

주식과 채권은 반대로 움직일까?

주식시장과 채권시장은 반대로 움직이는 것처럼 보인다. 주식시장이 강세를 보이면 채권시장은 약세를 보이는 날이 많고(채권 금리 상승), 안전자산인 채권시장이 강세를 나타내면(채권 금리 하락) 주식시장은 약세를 나타내는 날이 많다. 따라서 주가지수와 금리를 함께 그려보면 적어도 단기적인 궤적은 비슷한 추이를 보이게 된다.

높은 성과가 예상되는 방향으로 자금이 이동할 것이란 관점에서 보더라도 이는 합당한 현상인 것처럼 보인다. 이러한 현상에 대한 용어도 존재한다. 자금이 채권에서 주식으로 이동하는 경우는 그레이트 로테이션(Great Rotation)이라고 하며, 반대로 주식에서 채권으로 자금이 이동하는 경우는 리버스 로테이션(Reverse Rotation)이라는 표현을 사용한다.

실제로 주식과 채권은 반대로 움직일까? 표 4-7은 연간 주식시장의 성과와 채권시장의 성과에 대해 양(+)의 수익률로 일치했는지, 아니면 반대로 나타났는지를 따져본 것이다. 주식시장이 강세일 때 채권이 약하고, 채권시장이 강세일 때 주식이 약했다면 역행하는 경우가 많아야 할 것이다. 그런데 표에서도 확인이 되지만 실제로는 동행하는 경우가 더 많았다.

성과를 2003년부터 따진 것은 채권 성과를 나타내는 ETF 가격과 채권지수를 조회할

표 4-7 주식시장과 채권시장이 동행하고 역행한 횟수

		한국	미국
2003~2019	역행	6	8
	동행	11	9
2010~2019	역행	4	3
	동행	6	7

주: 한국 주식시장은 코스피지수, 한국 채권은 KIS채권종합지수(5~10Y).
　　미국 주식시장은 S&P500 지수, 채권지수는 iShares 7~10 Year Treasury Bond (IEF)를 대용으로 활용함.

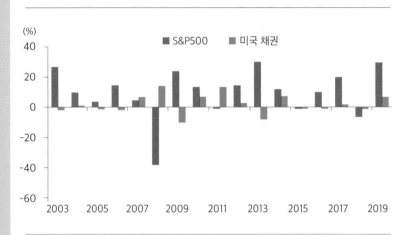

그림 4-9 미국 주식시장과 채권시장 성과 추이

자료: Bloomberg

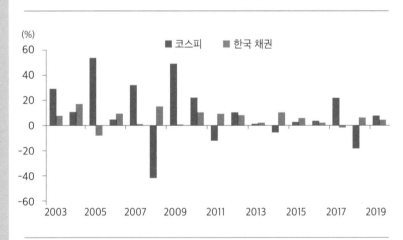

그림 4-10 한국 주식시장과 채권시장 성과 추이

자료: Bloomberg

수 있는 데 한계가 있기 때문이다. 더 긴 기간을 따지기 위해 채권 금리와 주식시장으로 계산해봐도 결과가 다르지 않았다. 미국의 1990년대만 하더라도 채권 금리가 하락한 해(채권시장 강세인 해)에, 주식시장이 강세를 보이고 채권 금리가 상승한 해(채권시장 약세인 해)에 주식시장이 약세를 보인 경우가 반대의 경우(채권시장 강세 + 주식시장 약세 또는 채권시장 약세 + 주식시장 강세)보다 4배 더 높은 빈도를 보였다.

결론은 단기적으로 보면 채권시장과 주식시장이 반대로 움직이는 것처럼 보이지만 좀 더 길게 보면 그렇지 않았다는 것이다. 여기에는 시중의 유동성 영향도 있었을 것이다.

증가하는 해외 투자, 조심할 점은?

증가하는 해외 투자

2019년 연말, 《월스트리트저널(WSJ)》에서는 눈에 띨 만한 기사를 실었다. 1984년 이후 처음으로 미국 채권시장, 미국 주식시장, 금, 원유 모두 강세를 보여 좋은 성과를 나타냈다는 기사였다. 해당 기사는 주식시장이나 금, 원유 가격은 10% 이상 상승한 경우에 대해서, 미국채 10년물 금리에 대해서는 75bp 하락한 경우를 표시한 그림을 포함하고 있었다. 여기에 코스피와 한국의 10년물 국채 금리까지 함께 넣어서 표를 직접 작성해보았다. 결과는 표 4-8과 같다.

표를 통해 한국과 미국의 자산 성과를 비교해보자. 아쉽게도 2019년 한국의 주식시장과 채권시장은 해당 기사에서의 랠리의 기

표 4-8 2019년 미국은 주식시장과 채권시장이 다 좋았다

연도	미국 10년	S&P500	금	원유(WTI)	코스피	한국 10년
1985	O	O			O	-
1986	O	O	O		O	-
1987			O		O	-
1988		O			O	-
1989	O	O		O		-
1990				O		-
1991	O	O				-
1992					O	-
1993	O		O		O	-
1994				O	O	-
1995	O	O		O		-
1996		O		O		-
1997		O				-
1998	O	O			O	-
1999		O		O	O	-
2000	O					-
2001					O	-
2002	O		O	O		O
2003		O	O		O	
2004				O	O	O
2005			O	O	O	
2006		O	O			
2007			O	O	O	
2008	O					O
2009		O	O	O	O	
2010		O	O	O	O	O
2011	O		O			
2012		O				
2013		O				
2014	O	O				O
2015						
2016			O			
2017		O	O	O	O	
2018						
2019	O	O	O	O		

주 1. 채권의 경우 75bp 이상의 금리 하락, 주식시장 및 원자재는 10% 이상 가격이 상승한 경우 음영 표시
주 2. 〈Stocks and Bonds Haven't Rallied Like This Since 1998〉, 《WSJ》, 2019. 12. 23,
　　　해당 기사의 표에 한국의 코스피와 한국 10년물을 포함하여 새롭게 작성

준(금리 75bp 하락, 그 외 10% 가격 상승)에 미치지 못했다. 2011년부터 한국의 주식시장과 채권시장이 함께 좋았던 사례는 없었다.

국내 투자자들의 해외 투자는 빠르게 증가하고 있다. 이는 한국예

그림 4-11 국내 외화증권 보관액

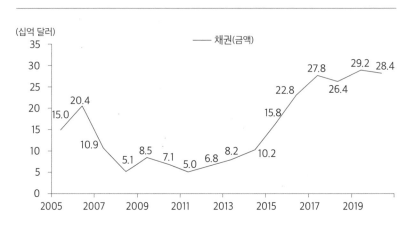

자료: 한국예탁결제원

탁결제원 통계로도 알 수 있다. 투자 잔액으로는 해외 채권에 대한 투자가 더 많지만 증가 속도를 보면 해외 주식에 대한 선호가 상당히 높아졌다는 것을 알 수 있다.

투자자들은 해외 투자에서 어떤 매력을 발견한 것일까?

먼저, 미국 주식에 매력을 느낀 투자자가 많아졌다는 점을 들 수 있을 것 같다. 뉴스에서 FAANG*이나 MAGA**의 높은 주가 상승률이 다뤄지고, 이들 기업은 이미 우리 삶에서 친숙하기 때문에 많은 투자자의 관심을 끌어들였다. 앞서《월스트리트저널》기사에서 확인했듯이 미국의 금융시장은 좋은 성과를 냈던 해가 많았다는 점도 이유일 것이다. 2020년은 코로나 쇼크로 국내뿐만이 아니라 해외 금융시장도 강세가 한풀 꺾였다. 이 같은 분위기 속에서 해외 투자 열기가 반전될지, 저가매수 기회로 삼는 더 많은 투자자가 몰려들지는 지켜볼 일이다.

해외 투자가 증가하고 있는 현상은 바람직할까?

자산의 다변화 차원에서 본다면 자산의 일정 비중이 해외 자산(특히 달러 자산)이라는 것은 일단 긍정적이라고 본다. 국내보다 해외 자산에 매력적인 기회가 있다고 느낀다면 해외 투자로 눈을 돌리는 것도 방법이다.

---

* FAANG: Facebook, Amazon, Apple, Netflix, Google
** MAGA: Microsoft, Amazon, Google, Apple

해외 투자에서 유의할 점은?

해외 투자를 하는 데 있어 유의할 점은 어떤 것들이 있을까? 해외 투자에 임하기 전에 다음과 같은 부분을 염두에 두고 접근할 필요가 있다.

(1) 환전의 문제

예를 들어 미국에 상장된 주식이나 ETF에 투자를 할 때는 원화를 달러로 바꾸는 환전이 필요하다. 투자에 나설 때의 환율 상황을 고려해야 하는 것이다.

수익을 낸 다음에는 달러를 그대로 두고 다른 투자에 활용할 수도 있겠지만 원화로 다시 찾고자 한다면 달러를 원화로 다시 환전할 때의 환율 상황도 고려해야 한다. 만일 달러 자산에 투자할 때는 달러화가 강세이고 원화로 되찾을 때는 원화가 강세라면 환율에서 손해를 보게 된다. 또 환전을 두 번 거치기 때문에 환전 수수료도 그만큼 더 든다는 점도 감안해야 한다.

(2) 거래 시간의 문제

해외 투자를 할 때는 거래를 할 수 있는 시간이 한국에 상장된 주식이나 ETF를 거래할 때와는 다르다. 예를 들어 미국에 상장된 주식이나 ETF에 투자를 하는 경우 일반 사람이라면 하루를 마무리해야 할 시간에 거래가 시작되고 깨어날 시간에 거래가 끝난다.

거래를 하기 위해 긴 시간이 필요한 것은 아니지만, 좀 더 좋은 가

표 4-9 해외시장 거래 시간

거래소	거래 시간	거래 통화
미국	오후 11시 30분 ~ 오전 6시 (서머타임 시 오후 10시 30분 ~ 오전 5시)	달러
일본	오전 9시 ~ 11시 30분, 오후 12시 30분 ~ 3시	일본 엔
홍콩	오전 10시 ~ 오후 1시, 오후 2시 ~ 오후 5시	홍콩 달러
중국	오전 10시 30분 ~ 오후 12시 30분, 오후 2시 ~ 3시 56분	중국 위안

격에 거래를 하기 위해 가격 변화를 지켜봐야 하는 경우나 시장 상황
이 급변하는 상황에서 시장 변화를 살펴보고자 하는 경우 휴식을 취
해야 하는 시간에 제대로 된 휴식을 취할 수 없게 될 수 있다.

또 거래 시간이 달라서 생기는 환전의 문제도 있다. 미국에 상장된
ETF나 주식을 매매하려면 달러가 필요한데, 미리 환전해놓은 달러
가 없다면 높은 수수료율을 감안하고 비싸게 환전을 하거나 환전 수
수료가 낮은 시간을 기다려서(보통 오전 9시~오후 4시) 환전한 후 거래
를 해야 한다. 이렇게 되면 원하는 시점에 원하는 거래를 못 하게 될
수도 있다.

(3) 거래에서의 문제

해외에 상장된 주식이나 ETF를 거래하는 경우 실시간 호가가 아
닌 10분이나 15분가량 지연된 시가를 보면서 거래해야 하는 상황
이 생긴다. 실시간 호가를 보기 위해서는 이용료를 별도로 내거나
investing.com 같은 사이트를 통해 실시간 호가를 보면서 주문을 넣
는 방법을 이용해야 한다. 어떤 방법이든 한국에 상장된 주식을 거래

할 때와는 다른 답답함을 느낄 수 있다.

해외 투자에 매력을 느끼는 투자자가 많아지고 있지만 경우에 따라서는 위에서 설명한 이유나 그 밖의 이유들로 인해 국내 투자에 비해 매력을 덜 느끼게 될 수도 있다. 그러므로 누구에게나 해외 투자가 답이라고 얘기하기는 어렵다. 어떤 자산이 자신에게 맞을지는 이러한 특징들을 잘 파악해서 판단해볼 필요가 있다.

유망한 해외 투자처는?

유망한 해외 주식에 대해서는 별도로 설명할 것이 없다. 국내 주식에서와 동일한 관점으로 접근하면 되기 때문이다. 해외 주식의 경우에도 시가총액이 이미 큰 종목이 무난한 선택이 될 수 있다고 생각한다.

앞서 주식 투자에서 워런 버핏의 관점을 얘기했으니, 워런 버핏이 최대주주로 있는 버크셔 헤서웨이(Berkshire Hathaway Inc.)의 포트폴리오를 보는 것도 좋은 참고가 될 것이다. 표 4-10은 2019년 말 기준으로 버크셔 헤서웨이가 보유한 종목 리스트이다. 이미 우리가 익히 잘 알고 있는 종목들이 대부분이기는 하다.

평소에 이용하는 서비스나 제품과 관련해 투자해보겠다는 생각도 좋은 성과로 이어질 수 있다. 예를 들면 필자가 과거에 샀던 애플 제품 대신에 애플 주식을 샀으면 얼마만큼의 성과를 냈을지를 생각해본 일이 있다.

표 4-10 버크셔 헤서웨이 보유 종목 Top 25

종목	티커	보유 비중
Apple Inc.	AAPL	34.4
Bank of America Corp	BAC	11.4
Coca-Cola Co	KO	9.6
American Express Company	AXP	7.7
Wells Fargo & Co	WFC	5.4
Kraft Heinz Co	KHC	4.4
JPMorgan Chase & Co.	JPM	3.2
Moody's Corporation	MCO	3.0
U.S. Bancorp	USB	2.6
Davita Inc	DVA	1.5
Bank of New York Mellon Corp	BK	1.4
Charter Communications Inc	CHTR	1.3
Delta Air Lines, Inc.	DAL	1.2
Verisign, Inc.	VRSN	1.2
Southwest Airlines Co	LUV	1.2
Goldman Sachs Group Inc	GS	1.1
Visa Inc	V	1.0
General Motors Company	GM	0.9
Mastercard Inc	MA	0.7
Costco Wholesale Corporation	COST	0.7
Amazon.com, Inc.	AMZN	0.6
Liberty Sirius XM Group Series C	LSXMK	0.5
PNC Financial Services Group Inc	PNC	0.5
United Airlines Holdings Inc	UAL	0.4
Sirius XM Holdings Inc	SIRI	0.4

자료: Berkshire Hathaway Inc.

표 4-11 애플 제품 대신에 애플 주식을 샀다면

	시점	가격	당시 시점 대비 애플 주가 상승(배)	애플 주가로 본 가치(달러)
3세대 아이팟	2003년	299달러	194	57,982달러
4세대 아이팟	2004년	229달러	64	14,736달러
아이팟 나노	2006년	199달러	24	4,860달러
아이폰 3GS	2009년 11월	81만 원	10	7,027달러
아이패드 1세대	2010년 4월	499달러	8	3,960달러
맥북에어	2010년 10월	1,299달러	7	8,943달러
합계		3,229달러	-	97,508달러

표 4-11에서 보듯이 2003년부터 2010년까지 구입했던 것만 따졌는데(물론 그 뒤로도 많이 샀다), 당시의 기기 값을 모두 합쳐도 400만 원이 되지 않았지만 2019년 말 기준 애플 주가로 본 가치는 1억 원이 훌쩍 넘었다.

한국예탁결제원 증권정보 포털(SEIBro)에서는 국내 투자자들이 각 국가별로 어떤 주식이나 ETF에 투자했는지를 조회해볼 수 있다. 다른 투자자들이 관심을 갖고 있는 종목이 궁금하다면 참고할 만하다.

표 4-12 국내 투자자의 미국 증권 보유 현황

순위	국가	종목명	보관 금액(백만 달러)
1	미국	AMAZON COM INC	742
2	미국	MICROSOFT CORP.	453
3	미국	ALPHABET INC. CLASS A COMMON STOCK	401
4	미국	APPLE COMPUTER INC.	346
5	미국	TESLA MOTORS	342
6	미국	NVIDIA CORP	230
7	미국	ALIBABA GROUP HOLDING-SP ADR	218
8	미국	Global × Cloud	161
9	미국	VANGRD TTL BOND MKT	145
10	미국	THE WALT DISNEY COMPANY	130
11	미국	BERKSHIRE HATHAWAY INC-DEL CL A	127
12	미국	VISA INC - CLASS A SHIRS	121
13	미국	Global × SuperDividend ETF	120
14	미국	GBL × SPRDVD ETF	109
15	미국	STANDARD & POORS DEPOSITORY RECEIPTS (SPDR'S)	106
16	미국	ISHS BRCLY AG BD FD	104
17	미국	GLOB × NAS100	103
18	미국	DASAN Zhone Solutions INC COM	100
19	미국	RECEIPTS (SPDR'S)	98
20	미국	VANGUARD TOTAL INTERNATIONAL	91

표 4-13 국내 투자자의 일본 증권 보유 현황

순위	국가	종목명	보관 금액(백만 달러)
1	일본	GOLDWIN INC.	566
2	일본	NEXON CO LTD	279
3	일본	Line	273
4	일본	NIPPON STEEL	221
5	일본	JX HOLDING INC.	66
6	일본	SOFTBANK CORP.	55
7	일본	PILOT CORPORATION	43
8	일본	J TRUST	22
9	일본	NF REIT	17
10	일본	NOMURA TOPIX EXCHANGE TRADED FUND	13
11	일본	W-SCOPE CORP	12
12	일본	NINTENDO	12
13	일본	MURATA MFG. CO, LTD	11
14	일본	YODOGAWA STEEL	11
15	일본	TOKYO STEEL MANUDACTURING CO LTD	11
16	일본	DAIWA HOUSE REIT INVETMENT	10
17	일본	ALL NIPPON AIRWAYS CO LTD	10
18	일본	LASERTEC CORL.	9
19	일본	SONY CORPORATION	9
20	일본	TOYOTA TSUSHO CORP	7

표 4-14 국내 투자자의 중국 증권 보유 현황

순위	국가	종목명	보관 금액(백만 달러)
1	중국	JIAGSU HENGRUI MEDICINE CO LTD	526
2	중국	PING AN INSURANCE(GROUP)	177
3	중국	CHINA INTERNATIONAL TRAVEL SERVICE	120
4	중국	KWEICHOW MOUTAI CO LTD	119
5	중국	FOSHAN HAITIAN FLAVOURING AND FOOD	60
6	중국	ZTE CORP-A	46
7	중국	INNER MONGOLIA YILI INDUSTRIAL GROUP	44
8	중국	CITIC SECURITIES CO LTD	44
9	중국	Shennan Circuits	41
10	중국	MEDEA GROUP CO LTD	39
11	중국	SHANGHAI INTERNATIONAL AIRPORT CO LTD	38
12	중국	SAIC MOTOR COPR LTD	35
13	중국	LUXSHARE PRECISION	34
14	중국	HANGZHOU HIKVISION	34
15	중국	BYD CO LTD -A	34
16	중국	WULIANGYE YIBIN CO	33
17	중국	Iflytek Co Ltd	28
18	중국	SHANGHAI FOSUN PHARMACEUTICAL GROUP	25
19	중국	QINGDAO HAIER CO LTD	24
20	중국	Yinhua traded Money Market Fund(511880)	16

표 4-15 국내 투자자의 홍콩 증권 보유 현황

순위	국가	종목명	보관 금액(백만 달러)
1	홍콩	TENCENT HOLDINGS LTD_COMMON_HKD	281
2	홍콩	Ganfeng Lithium	116
3	홍콩	PICC PROPERTY AND CASUAL	82
4	홍콩	ALIBABA GROUP HOLDING ORD SHS	64
5	홍콩	BYD COMPANY LTD	57
6	홍콩	CHINA AMC CSI 300 INDEX ETF	54
7	홍콩	MIRAE ASSET GBL IN GLOBAL × C ELC VHC	52
8	홍콩	Xiaomi	46
9	홍콩	Mirae Asset Horizons China Biotech ETF 2	42
10	홍콩	Mirae Asset Horizons China Biotech ETF 1	37
11	홍콩	PING AN INSURANCE(GROUP)	32
12	홍콩	MIRAE ASSET GBL IN GLOBAL × C CSM	31
13	홍콩	3SBio	28
14	홍콩	SINO BIOPHARM	27
15	홍콩	Mirae Asset Horizons China Cluud Computing	25
16	홍콩	Mirae Asset Horizons China Cluud Computing	21
17	홍콩	MIRAE ASSET GBL IN GLOBAL × C CN ENGY	21
18	홍콩	GEELY AUTOMOBILE HOLDINGS LTD.	20
19	홍콩	MIRAE ASSET GBL IN GLOBAL × C ELC VHC	20
20	홍콩	Wuxi Biologics	20

상장지수펀드

상장지수펀드(ETF: Exchange Traded Fund)는 투자자로부터 모집한 자금을 투자한다는 개념으로 보면 기존 펀드와 유사점이 있다. ETF는 기존 펀드와 달리 주식시장에서 자유롭게 사고팔 수 있다는 중요한 차이점이 있다. 기초자산이 오르면 ETF 가격도 상승하고, 기초자산이 하락하면 ETF가격도 하락한다. ETF의 역사가 그리 길지는 않다. 미국에서는 1993년 ETF가 처음 등장했고, 한국에서는 2002년 KODEX200이 상장하면서 ETF가 처음 거래되기 시작했다.

ETF의 장점은 다양한 상품에 다양하게 투자가 가능하다는 것이다. 특정 종목이 아닌 시장 전체에 분산해서 투자하려는 경우, 특정 국가가 아니라 글로벌 금융시장에 분산투자하려는 경우, 기술주에 다양하게 투자하고 싶은 경우, 주식과 채권에 대한 자산 배분을 하려는 경우 등 필요에 따라 그에 맞는 ETF를 찾아서 주식처럼 거래하면 된다. 주식처럼 자유롭게 거래할 수 있기 때문에 환금성도 높다고 할 수 있다. 기존 펀드에 비해 수수료도 낮다.

이와 같은 장점을 바탕으로 전 세계 ETF시장은 빠르게 성장하고 있다. 전 세계

그림 4-12 빠르게 증가해 6조 달러 돌파한 전 세계 ETF 시장

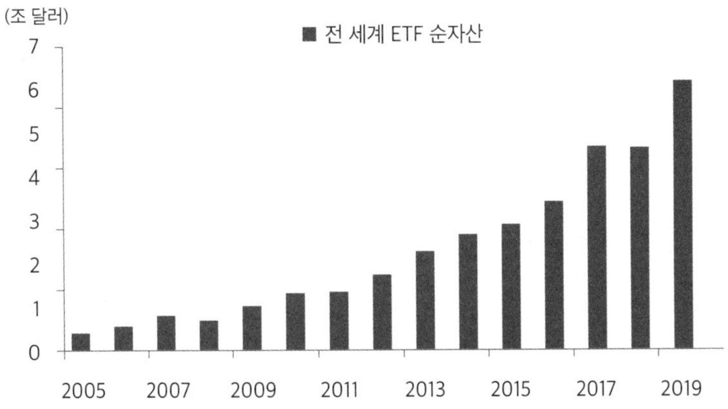

(조 달러)

■ 전 세계 ETF 순자산

자료: ETFGI

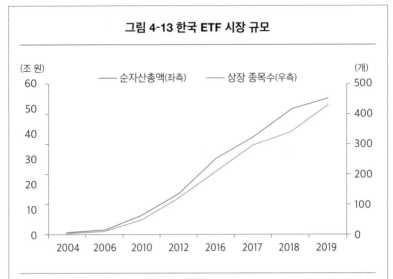

그림 4-13 한국 ETF 시장 규모

(조 원) —— 순자산총액(좌측) —— 상장 종목수(우측) (개)

자료: 한국거래소

ETF 시장은 2009년 1조 달러를 돌파한 이후 2016년에는 3조 달러, 2019년에는 6조 달러를 돌파했다.

국내 ETF 시장도 빠르게 성장하고 있다. 2019년 12월 23일 기준으로 국내 ETF 순자산총액은 51.7조 원으로 2018년 말 대비 26% 증가했다.

해외 채권형 ETF

해외 채권에 직접 투자하는 경우 브라질 국채와 같은 이머징 시장에 대한 채권 투자는 이미 활성화되어 있다. 이머징 채권은 금리가 높은 대신 해당 국가의 통화가치가 안정되지 않은 경우가 많아서 환차손이 우려되는 경우들이 종종 있다. 한 국가의 정치적 불안정성,

표 4-16 미국 채권시장에 투자하는 대표 ETF

티커	운용사	종목명	기초 자산	설정 시점	AUM (십억 달러)	2019년 성과(%)	2017~ 2019년 평균 성과(%)
AGG	BlackRock	iShares Core U.S. Aggregate Bond ETF	종합	2003년 9월	75.6	8.5	3.6
BND	Vanguard	Vanguard Total Bond Market ETF	종합	2007년 4월	53.6	8.8	3.6
TLT	BlackRock	iShares 20+ Year Treasury Bond ETF	정부채	2002년 7월	21.0	14.1	9.2
IEF	BlackRock	iShares 7-10 Year Treasury Bond ETF	정부채	2002년 7월	20.1	8.0	2.6
SHV	BlackRock	iShares Short Treasury Bond ETF	정부채	2007년 1월	21.1	2.4	0.7
SHY	BlackRock	iShares 1-3 Year Treasury Bond ETF	정부채	2002년 7월	17.2	3.4	0.3
GOVT	BlackRock	iShares US Treasury Bond ETF	정부채	2012년 2월	17.5	7.4	2.2
TIP	BlackRock	iShares TIPS Bond ETF	물가 연동채	2003년 12월	21.6	8.3	2.9
MBB	BlackRock	iShares MBS ETF	모기지 채권	2007년 3월	23.9	6.2	2.5
VCIT	Vanguard	Vanguard Intermediate-Term Corporate Bond ETF	회사채	2009년 11월	29.0	14.1	5.3
LQD	BlackRock	iShares iBoxx $ Investment Grade Corporate Bond ETF	회사채	2002년 7월	34.9	17.4	7.1
JNK	SSGA FM	SPDR Bloomberg Barclays High Yield Bond ETF	회사채	2007년 12월	9.2	14.9	6.5
HYG	BlackRock	iShares iBoxx High Yield Corporate Bond ETF	회사채	2007년 4월	15.2	14.1	6.1

주: AUM(Assets Under Management)은 운용자산을 의미

표 4-17 미국 대표 채권 ETF의 장기 성과 분해

		2008	2009	2010	2011	2012	2013	2014	2015	2016	2017	2018	2019	2008~2019 평균	2009~2019 평균	2009~2019 표준편차
	환율 변화 (%)	34.7	-7.6	-3.3	2.3	-7.1	-1.4	4.1	6.7	3.0	-11.4	4.2	3.6	2.3	-0.6	
SHY	가격 변화 (%)	3.0	-1.3	1.2	0.6	-0.1	0.0	0.1	-0.1	0.1	-0.7	-0.3	1.2	0.3	0.1	0.8
	분배금 (%)	3.5	2.4	1.0	0.8	0.4	0.3	0.4	0.5	0.7	1.0	1.7	2.1	1.2	1.0	0.7
	토털 리턴 (%)	6.6	0.4	2.3	1.4	0.3	0.2	0.4	0.4	0.8	0.3	1.5	3.4	1.5	1.0	1.0
IEF	가격 변화 (%)	13.2	-9.6	5.9	12.5	1.8	-7.7	6.8	-0.4	-0.7	0.7	-1.3	5.8	2.3	1.3	6.4
	분배금 (%)	4.2	3.6	3.4	2.9	1.8	1.6	2.2	1.9	1.8	1.8	2.2	2.2	2.5	2.3	0.7
	토털 리턴 (%)	17.9	-6.6	9.4	15.6	3.7	-6.1	9.1	1.5	1.0	2.6	1.0	8.0	4.8	3.6	6.7
TLT	가격 변화 (%)	28.3	-24.7	4.7	28.8	-0.1	-15.9	23.6	-4.2	-1.2	6.5	-4.2	11.5	4.4	2.3	15.6
	분배금 (%)	4.5	3.1	4.4	4.2	2.7	2.7	3.3	2.5	2.6	2.6	2.5	2.5	3.1	3.0	0.7
	토털 리턴 (%)	33.9	-218	9.0	34.0	2.6	-13.4	27.3	-1.8	1.2	9.2	-1.6	14.1	7.7	5.3	16.2
LQD	가격 변화 (%)	-3.0	2.5	4.1	4.9	6.4	-5.6	4.6	-4.5	2.8	3.7	-7.2	13.4	1.8	2.3	6.0
	분배금 (%)	5.2	5.6	5.1	4.6	4.1	3.6	3.5	3.3	3.4	3.2	3.4	3.7	4.1	4.0	0.8
	토털 리턴 (%)	2.4	8.5	9.3	9.7	10.6	-2.0	8.2	-1.3	6.2	7.1	-3.8	17.4	6.0	6.4	6.3
HYG	가격 변화 (%)	-24.5	15.6	2.8	-1.0	4.4	-0.5	-3.5	-10.1	7.4	0.8	-7.1	8.4	-0.6	1.6	7.3
	분배금 (%)	7.6	11.0	8.5	7.4	6.9	6.1	5.5	5.3	5.7	5.2	5.2	5.4	6.6	6.5	1.8
	토털 리턴 (%)	-17.6	28.6	11.9	6.8	11.7	5.8	1.9	-5.0	13.4	6.1	-2.0	14.1	6.3	8.5	9.1

주 1. 가격 변화(%)는 전년도 말 가격 대비 변화(%)
주 2. 분배금(%)은 전년도 말 가격 대비 비율(%). 예를 들어 전년도 말 ETF가격이 100달러이고 이번 연도에 분배금이 5달러 지급되었다면 5%
주 3. 토털 리턴은 분배금을 재투자하는 개념. 가격 변화(%)와 분배금(%)의 합이 토털리턴(%)이 되지 않는 이유는 재투자된 부분의 성과 차이 때문

높은 인플레이션, 급격한 자본 유출 등은 환율의 급등락을 야기하는 요인들이다. 환율의 높은 변동성이 싫다면 선진국 채권시장에 관심을 갖는 것이 좋은 선택이다.

선진국 채권에 투자할 때 직접 채권에 투자하는 방법도 있겠지만 ETF를 이용하면 거래비용도 줄이고 분산을 통한 안전성도 확보할 수 있다. 미국에 상장된 채권형 ETF는 대중적인 수요도 있고 접근하기에도 좋다. 그중 대표적인 ETF들을 앞의 표 4-16에서 정리했다.

표에 있는 ETF 중 특징적인 ETF는 음영으로 표시했다. 이들 ETF 의 장기 성과는 표 4-17과 같이 정리할 수 있다.

그림 4-14 미국 채권형 ETF 성과와 변동성

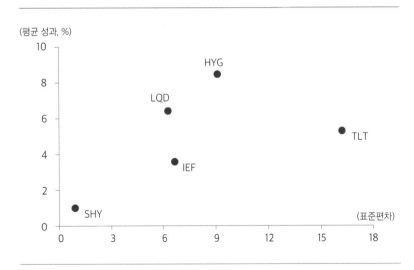

TLT 사용법과 유의점

주식시장이 급락할 때는 TLT가 괜찮은 방어 수단이 된다는 얘기를 들어본 적이 있는가?

TLT는 미국에 상장된 채권형 ETF(iShares 20 + Year Treasury Bond ETF)이다. 20년 이상의 장기 미 국채에 투자하는 상품이다. 안전자산이 선호되는 국면에서 장기채 금리가 하락하면서 가격이 오르기 때문에 주식시장이 하락하는 구간에서 좋은 성과를 내는 것이 보통이다.

채권형 ETF의 가격은 매우 더디게 변할 것이라 생각되겠지만 TLT는 20년 이상의 만기가 긴 채권들로 구성되기 때문에 포트폴리오의 듀레이션이 18년 정도로 길다. 금리의 변화에 그만큼 민감하게 반응해 가격 변화도 크게 나타나는 편이다.

한국의 주식시장이 외국인의 대규모 매도로 하락하는 경우는 주가 하락과 함께 원화 약세(원/달러 환율 상승)가 동반되는 경우가 많다. TLT는 달러 자산이기 때문에 원화 약세는 TLT 투자에 있어서 원화로 환산한 수익률을 더 높인다.

미국의 장기 국채 금리가 하락할 것이란 판단이 드는 경우 TLT에 대한 투자는 고려할 만한 방법이기는 하다. 하지만 미국의 기준금리가 제로까지 하락한 상황에서는 주가 하락 상황에서도 TLT 가격이 더 이상 상승하지 못하고 하락해버릴 수도 있다는 점은 알고 있어야 한다.

미 국채 20년물 금리는 2019년에는 꾸준하게 하락했다. 중국과의 무역 분쟁으로 미국 채권시장이 전반적으로 강세(금리 하락)였고, 미국 기준금리의 경우도 2018년까지는 인상기였지만 2019년에는 세 차례 인하가 단행되는 반전이 있었기 때문이다. 기준금리 인상기에는 금리 상승에 따라 가격 하락이 크게 나타나는 장기물에 대한 선호가 낮아질 수밖에 없고, 반대로 기준금리 인하기에는 (적어도 초기 국면은) 장기물에 대한 선호가 높아진다. 추가 기준금리 인하를 기대하기 어려운 경우에는 장기물에 대한 선호가 낮아질 수 있다. 장기물 금리는 기준금리 대비 어느 정도 높은 수준의 금리를 형성하는 것이 보통인데 기준금리가 더 이상 인하되기 어려운 경우 장기물 금리 하락에 대한 기대보다 금리가 오히려 상승할 경우의 채권 가격 하락에 대한 우려가 더 높아질 수 있기 때문이다.

2020년 3월, 미국이 단기간에 제로금리정책으로 회귀하는 과정에서 미 국채 10년물은 0.38%까지 하락했다가 이후 1.27%까지 급등하고 이후 다시 0.80% 이하로 안정되는 흐름을 보였다(미 국채 30년물은 1.02%까지 하락했다가 1.8%까지 상승 후 이후 1.30% 이하로 안정). 기준금리 인하가 점진적이었다면 겪지 않았을 일이지만 빠른 기준금리 인하로 위에서 설명한 기대의 변화 또한 빠르게 나타나 채권 금리가 급등락을 반복하게 된 것이다.

주가 하락을 방어하는 수단으로 TLT를 활용하는 데 있어서 이처럼 금리가 급변하는 경우에는 의도한 대로 활용하기 어렵게 되기도 한다. 이런 점은 유의해야 한다.

LQD와 HYG

앞의 그림 4-14 '미국 채권형 ETF 성과와 변동성'을 다시 살펴보자. 그림에서 평균 성과가 높은 편에 속하는 ETF는 세 가지가 있다. 높은 순서로 HYG(iShares iBoxx USD High Yield Corporate Bond ETF), LQD(iShares iBoxx $ Investment Grade Corporate Bond ETF), TLT이다. 그중 TLT 는 앞서 설명했다. 경기가 급락하는 상황에서는 투자 성과

표 4-18 국제 신용평가 3사 신용등급표

S&P	무디스	피치	등급 대분류
AAA	Aaa	AAA	
AA+	Aa1	AA+	
AA	Aa2	AA	
AA-	Aa3	AA-	
A+	A1	A+	투자등급
A	A2	A	(investment grade)
A-	A3	A-	
BBB+	Baa1	BBB+	
BBB	Baa2	BBB	
BBB-	Baa3	BBB-	
BB+	Ba1	BB+	
BB	Ba2	BB	
BB-	Ba2	BB	비투자등급
BB-	Ba3	BB-	(Non-investment grade) 또는
B+	B1	B+	하이일드(High Yield)
B	B2	B	
B-	B3	B-	

자료: S&P, Moody's, Fitch

가 매우 좋지만 금리 변화에 따른 민감도가 높기 때문에 언제나 좋은 성과를 내지는 않는다. 수익률의 변동성이 크게 나타나는 편이므로 그만큼 안전하다고 하기 어렵다.

남은 두 ETF는 LQD와 HYG이다. 이 두 ETF의 공통점은 미국 회사채에 투자한다는 점이다. LQD는 미국의 투자등급 회사채에, HYG는 하이일드 채권에 투자한다.

표 4-18에서 알 수 있듯이 투자등급은 신용평가사 S&P 기준으로 보면 가장 높은 AAA부터 BBB-까지의 등급을 말한다. 비투자등급(또는 투기등급이나 하이일드)은 투자등급에 속하지 않는 낮은 등급이다. 하이일드(High Yield)는 말 그대로 수익률이 높다는 의미다. 하이일드 채권은 신용등급이 낮은 기업이 비교적 높은 금리로 발행하는 채권을 말한다.

신용등급이 낮으면 위험하지 않느냐고 생각할 수 있을 것이다. 2008년 금융위기 때 HYG는 실제로 성과가 매우 나빴다. 신용도가 낮은 기업의 신용 위험이 높아지는 상황에서는 하이일드 채권 금리가 높아지므로(가격은 하락) 성과가 나빠지는 것이 당연하다.

그런데 하이일드 채권에는 적지 않은 투자가 이뤄진다. 앞서 채권형 ETF를 정리한 표 4-16 '미국 채권시장에 투자하는 대표 ETF'에서도 알 수 있듯이 미 국채 7-10년에 투자하는 IEF나, 먼저 설명한 20년 이상 만기의 국채에 투자하는 TLT의 운용 자산과 비교하면 HYG는 이들 ETF의 4분의 3 수준으로 그 규모가 결코 적지 않다는 것을 알 수 있다. 높은 수익률이 투자자들의 관심을 끌었을 것이다.

HYG가 투자하고 있는 기업들은 2019년 12월 말 기준으로 총 990개나 된다. 990개면 거의 1,000개이므로 각 회사들이 100이라는 성과에서 0.1씩 영향을 미치는 수준으로 위험이 상당히 분산된다. ETF가 보유하고 있는 종목들은 평균적으로 6% 금리의 채권들이고 있고 간혹 10% 이상 최대 13%가 넘는 금리의 회사채들을 포함한다. 즉 HYG는 높은 금리는 추구하면서 개별 종목에 대한 위험은 크게 낮추는 방식으로 운용되는 ETF이다.

LQD는 HYG에 비해 변동성과 성과 면에서 조금씩 낮다. 기초 자산이 투자등급 채권이라는 면에서 추천하기에도 부담이 적다(HYG보다 운용 자산이 2배 이상 많다는 점도 이 때문이 아닐까 한다). 투자 적격 채권이기는 하지만 국채가 아닌 회사채에 투자한다는 면에서 신용 리스크가 부각되면 LQD도 부진한 성과를 내는 것은 당연하지만 성과는 장기적으로 양호했다.

2008년 금융위기 시점에서의 투자 성과는 둘 다 부진했다는 것을 알 수 있다. 특히 기업들의 디폴트 우려가 높았던 금융위기 때 HYG의 투자 성과는 마이너스 폭이 상당히 컸다(물론 이듬해인 2009년 투자 성과는 2008년의 부진을 만회하고도 남을 정도로 좋았다. 표 4-17 '미국 대표 채권 ETF의 장기 성과 분해' 참고) 그러므로 기업들의 신용 리스크가 부각되는 경우는 HYG 투자에 적합하지 않다.

신용 위험이라는 것은 자주 발생하지 않는다. 이번 코로나 사태로 인한 위기도 금융위기 이후 12년 만에 발생하고 있는 것이다. 단 몇 개 기업의 회사채에 투자하는 것이 아닌 수백 개의 기업에 투자되고 있다는 측면을 고려하면 기업의 디폴트 리스크는 상당히 분산되어 있다. 또 미 연준은 금융위기 당시 사용했던 다양한 수단을 모두 동원해 금융시장 불안을 잠재우려 애쓰고 있다.

이런 점에서 보면 이 두 ETF의 최근의 성과 부진은 2008~2009년에 경험했던 것처럼 점차 해소될 가능성이 높다고 판단한다. 적정 수준의 위험과 성과를 추구할 수 있는 상품에 관심이 있다면 관심을 가져볼 필요가 있다.

자산 배분형 ETF

연평균 상승률로 보면 주식시장은 성과가 높은 편이지만 하락장에서는 큰 폭의 마이너스 성과를 기록하기도 한다. 이러한 변동성을 줄이기 위해 채권을 이용하기도 하는데, 주식과 채권의 비중을 어떻게 할 것인가에 따라서 변동성과 장기 성과가 달라지므로 자산별 비중에 대한 투자자들의 선호가 다양할 수 있다. 그래서 자산 배분형 ETF가 존재한다.

블랙록의 자산 배분 ETF를 예로 들면 자산별 비중에 따라 네 가지로 구분된다(AOA, AOR, AOM, AOK). 채권의 비중이 가장 낮은 AOA로 시작해 채권 비중이 47%인 AOR, 채권 비중이 그보다 더 높은 AOM, 채권 비중이 75%로 가장 높은 AOK까지 있다. 주식과 채권의 비중을 어떻게 할 것이냐에 따라 ETF를 선택하면 된다. 이 ETF들의 주식과 채권 비중은 다음과 같다.

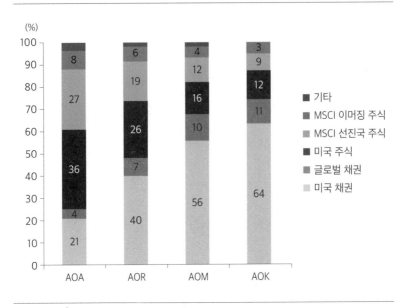

그림 4-15 자산 배분 ETF 4총사의 자산 배분

자료: BlackRock

구성되는 자산은 미국 채권, 글로벌 채권, 미국 주식, 선진국 주식, 이머징 주식 등이다. 그러므로 여러 시장에 상당히 세분화되어 투자된다고 볼 수 있다. 각 자산별로 해당하는 ETF가 포함되는 방식으로 운용된다. 예를 들면 미국 주식시장은 iShares Core S&P 500 ETF(IVV)를 미국 채권시장은 iShares Core Total USD Bond Market ETF(IUSB)를 포함하는 식이다.

표 4-19에서 볼 수 있듯이 장기적인 평균 성과는 주식 비중이 가장 높은 AOA가 가장 좋았다(2000~2019년 평균 9.5%의 성과를 냈다). 반면 2020년은 주식시장이 크게 하락하고 있는 상황인데(2020년 3월 20일

표 4-19 자산 배분 ETF 4총사 명세 및 투자 성과

	AOA	AOR	AOM	AOK
	iShares Core Aggressive Allocation ETF	iShares Core Growth Allocation ETF	iShares Core Moderate Allocation ETF	iShares Core Conservative Allocation ETF
자산 배분 성격	공격 배분	성장 배분	중간 배분	보수적 배분
순자산(2020년 3월 16일)	8.1억 달러	12.1억 달러	10.7억 달러	5.7억 달러
2019년 성과	22.52%	18.96%	15.46%	13.76%
2005~2019년 평균 성과	7.65%	6.49%	5.30%	4.71%
2000~2019년 평균 성과	9.51%	7.75%	5.99%	5.21%
2020년 1/1~3/16일 성과	-23.53%	-17.77%	-11.92%	-8.98%
투자 비중(%)				
미국 채권	21	40	56	64
글로벌 채권	4	7	10	11
미국 주식	36	26	16	12
MSCI 선진국 주식	27	19	12	9
MSCI 이머징 주식	8	6	4	3
기타	4	2	2	1

자료: BlackRock

기준), 채권 비중이 가장 높은 AOK의 투자 손실이 가장 작다. 주식시장 회복 강도에 따라 이들 ETF의 투자 성과는 달라질 수 있을 것이다.

이처럼 ETF 중에는 다양한 투자자 선호에 맞도록 다양한 상품들이 있다. 투자자에 따라 필자가 다루지 않은 분야에서도 자신에게 괜찮아 보이는 ETF를 발견할 수 있을 것이다. 자신이 선호하는 분야이고 아이디어가 좋다고 해서 투자에 당장 나서기보다는 순자산 규모가 크고 거래가 활발하게 이뤄지는지 등을 확인하고 투자하는 것이 좋을 것이다.

⟳ 부동산, 이건 꼭 알고 가자

우리가 일본과 다른 이유 ─────────

필자가 결혼할 당시만 해도 TV에서는 깡통주택에 대한 이야기를 꽤 다뤘던 것으로 기억한다. 미국의 2008년 금융위기의 여파가 전 세계 주택시장도 위축시켰고 아직 부동산에 대한 심리가 회복되지 않은 시기였다. 어차피 집을 살 정도로 모아놓은 돈이 있었던 것도 아니어서 신혼 초기에는 평생을 전세로 사는 것도 괜찮겠다는 생각을 한 적이 있다. 이후 부동산 시장이 살아나면서 전세금을 계속 올려줘야 하는 현실을 깨달았고 주변 어른들의 조언으로 내 집을 마련하게 되었다. 억 단위의 대출을 받아야 한다는 것은 부담이었지만, 집을 산 이후 현재까지의 가격 흐름을 지켜본 이후의 생각은 전세로 살겠다는 생각을 고집했었다가는 큰일 날 뻔했다는 것이다.

부동산 책들을 탐독한 것은 집을 산 이후였다. 알면 알수록 부동산과 관련한 이야기는 흥미롭다. 서울의 부동산 시장은 2013년을 바닥으로 2019년까지 상당한 호황기가 이어졌다. 부동산 시장 호황이 이어지다 보니 부동산 시장에 대한 비관론은 거의 사라진 것 같다고 느꼈다.

한국에서 부동산을 비관적으로 보는 쪽에서는 여전히 일본식 버블 붕괴를 얘기한다. 한국의 고령화와 인구구조 변화가 시차를 두고 일본의 과거 모습을 좇아가고 있으니 한국의 부동산 시장도 일본의 전철을 밟지 않겠느냐는 식이다. 하지만 PART 2에서 다루었듯 일본의 부동산 버블은 한국의 부동산 시장 상황과는 비교할 수 없는 수준이었다. 당시 일본에서는 대출에 대한 규제도 제대로 없었고 부동산 시장에서 문제가 생긴 경우를 겪어본 적도 없었다. 이는 강력한 버블이 형성되고 터지는 배경이 되었다.

우리나라의 상황을 보면, 가계부채 전반이 위험한 수준에 이르러 대규모 매물이 쏟아지고 주택시장이 붕괴될 조짐이 있는가 하면 결코 그렇다고 하기 어렵다. 대출 규제는 이미 2017년부터 강화되었다. 현재 투기지역이나 투기과열지구 주택담보대출은 LTV(Loan To Value, 주택을 담보로 돈을 빌릴 때 인정되는 자산가치의 비율) 40%가 적용되고 있고 9억을 초과하는 부분에 대해서는 20%가 적용되고 있다. 방만한 대출이 이뤄지고 부동산 공급도 장기간 이어졌던 1990년 전후의 일본의 사례와는 많은 차이가 있다고 생각한다.

20년은 끄떡없다

코로나19 사태가 경기에 충격을 주고 있으니 다시 부동산에 대한 비관론이 높아질 수 있는 시기라고는 생각한다. 현재의 금융시장 혼란을 2008년 금융위기와 많이 비교한다. 미국의 서브프라임 모기지 사태로 미국의 주택시장은 급락했고 한국만이 아니라 전 세계가 영향을 받았다. 당시는 위기의 시작점이 '모기지'였기 때문에 부동산 영향은 더 클 수밖에 없었다. 이번에는 부동산 시장에 원인이 있었던 것은 아니지만 많은 국가가 마이너스 성장을 할 것이란 전망이 확산되고 있다. 따라서 글로벌 저금리 기조가 강화되고 있음에도 부동산 시장에도 어느 정도의 부정적인 영향은 불가피하지 않을까 생각한다.

그럼에도 장기적으로 부동산 시장이 크게 위축되는 상황이 될 것 같지는 않다. 필자가 우리나라 부동산에 대해 주목하는 부분은 다음과 같이 세 가지 측면이다.

(1) 한국의 인구는 23년 뒤에도 5,000만 명이다

한국의 인구 변화에 대해서는 앞에서 설명했지만 아직 한국의 인구는 증가하고 있다. 2019년 12월 현재 한국의 주민등록 인구는 5,185만 명이다. 〈장래인구특별추계〉에 의하면 한국의 인구는 2043년까지 5,000만 명대를 유지하다가 2044년이 되어서야 5,000만 명을 밑돌게 된다. 2050년에는 4,774만 명, 2060년에는 4,284만 명으로 감소한다. 앞으로 20년 정도는 인구가 별로 감소하지 않는 것이다. 앞으로 40년 정도가 지나야 우리나라 인구가 의미 있게 감소한다고 할 수 있다.

(2) 가구 수는 한동안 더 많아진다

통계청은 〈장래가구추계〉라는 자료를 통해 가구 수 변화를 예상하는데 인구와는 별개로 가구 수는 앞으로 더 증가한다. 우리나라의 총가구는 2017년 1,957만 가구에서 2040년 2,265만 가구로 정점을 기록하고 2041년부터 감소하기 시작한다. 그러므로 가구 수가 감소하는 것은 앞으로 20년 이상 지나서의 일이다.

서울의 가구 수로 한정해서 살펴보면 2017년 380만 가구에서 2028년 391만 가구까지 늘었다가 2029년부터 감소한다. 가구 수는 앞으로 8년간 증가했다가 감소하는 것이고, 20년 뒤에도 현재와 비슷한 수준이다. 그러므로 가구 수로 보더라도 집값이 하락하는 시점이 빨라야 할 이유는 없다고 판단한다. 서울의 가구 수 정점은 전국의 가구 수 정점보다 시점이 빠른데, 서울의 주택 공급이 한정되어 있기 때문이 아닌가 한다. 참고로 범위를 더 넓혀서 경기 지역의 가구 수 추계를 확인해보면 2042년까지 증가하다가 그 이후 감소한다.

표 4-20 전국, 서울, 경기의 총 가구 수 추계

(단위: 천 가구)

	2020	2025	2030	2035	2040	2045
전국	20,350	21,342	22,036	22,497	22,651	22,456
서울	3,850	3,903	3,909	3,881	3,830	3,752
경기	4,940	5,411	5,749	5,989	6,116	6,113

자료: 통계청

(3) 사람들이 집을 쉽게 팔지 않는다

한국인들은 80세가 될 때까지 집을 자기 명의로 소유하고 나이가 더 들면 주택 처분에 나선다는 분석이 있다.* 고령화로 기대수명이 늘어나고 있고 그동안 집값이 하락하는 구간보다는 오르는 구간이 많았기 때문에 섣불리 주택을 팔기보다는 최대한 보유하다가 처분하겠다는 인식이 높아졌기 때문일 것이다. 통계청의 〈주택소유통계〉를 살펴봐도 주택 소유율은 30세 미만부터 70대까지 계속 증가하다가 80세 이상이 되어서야 감소하는 모습을 보인다.

그림 4-16 연령대별 가구 수 및 주택 소유율

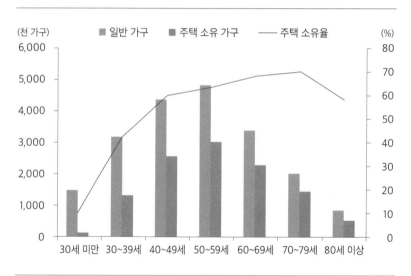

자료: 통계청

---

* "여든 넘어야 노후 위해 집 처분", 《조선일보》, 2017. 1. 16.

표 4-21 가구주 연령, 가구원 수 및 세대 구성별 분포

구분		일반 가구		주택 소유 가구		무주택 가구	
		가구 수 (천)	구성비(%)	가구 수 (천)	구성비(%)	가구 수 (천)	구성비(%)
합계		19,979	100	11,234	100	8,745	100
가구주 연령별	30세 미만	1,486	7.4	168	1.5	1,317	15.1
	30~39세	3,167	15.9	1,335	11.9	1,832	20.9
	40~49세	4,330	21.7	2,537	22.6	1,793	20.5
	50~59세	4,767	23.9	3,006	26.8	1,760	20.1
	60~69세	3,344	16.7	2,282	20.3	1,062	12.1
	70~79세	2,023	10.1	1,403	12.5	619	7.1
	80세 이상	863	4.3	502	4.5	361	4.1
가구원 수별	1인	5,849	29.3	1,699	15.1	4,149	47.4
	2인	5,446	27.3	3,386	30.1	2,059	23.5
	3인	4,204	21	2,868	25.5	1,336	15.3
	4인	3,396	17	2,468	22	928	10.6
	5인 이상	1,085	5.4	813	7.2	272	3.1
세대 구성별	1세대 소계	3,600	18	2,486	22.1	1,114	12.7
	1세대 부부	3,247	16.3	2,345	20.9	902	10.3
	1세대 기타	353	1.8	141	1.3	213	2.4
	2세대 소계	9,288	46.5	6,205	55.2	3,083	35.3
	2세대 부부& 미혼 자녀	6,122	30.6	4,398	39.2	1,724	19.7
	2세대 한 부모& 미혼 자녀	2,016	10.1	993	8.8	1,023	11.7
	2세대 기타	1,151	5.8	813	7.2	337	3.9
	3세대 이상	902	4.5	714	6.4	187	2.1
	1인 가구	5,849	29.3	1,699	15.1	4,149	47.4
	비혈연 가구	340	1.7	129	1.2	211	2.4

자료: 통계청

정리하면 인구 관점으로 보나 가구 수라는 관점으로 보나 아직은 부동산 시장이 위축되는 데 까지는 생각보다 많은 시간이 필요할 것이라는 판단이다.

'투자'라는 파트에서 부동산을 굳이 다룬 이유는 금리를 담당하는 필자에게 부동산 시장에 대해 질문하는 경우를 꽤 많이 겪었기 때문이다. 경기 부진과 금리 하락이라는 관점에서는 부동산 시장이 위축되어야 할 것 같은데, 저금리로 인한 유동성 증가라는 측면에서는 부동산 시장이 긍정적이기 때문에 어느 쪽에 더 무게를 두어야 하냐는 질문들이다. 저성장과 저금리라는 부동산에 대해 상충되는 변수로 보면 판단이 어렵지만 양극화와 저금리라는 관점에서 생각하면 답이 분명해진다.

↻ 세금 가이드

예·적금의 세금 _____

은행과 저축은행의 예금과 적금 등 이자소득은 15.4%(소득세 14% +
지방소득세 1.4%)의 세금이 원천징수된다. 예를 들어 1,000만 원을
2% 금리로 예금했다고 가정하면 세금을 고려하지 않은 경우 20만
원(= 1,000만 원 × 2%)의 이자를 받을 수 있다. 세금을 고려하면 3만
800원(= 20만 원 × 15.4%)이 원천징수되어 16만 9,200원의 이자만 받
을 수 있다. 그러므로 세금을 감안한 실질적인 예금금리는 2% × (1-
15.4%)=1.692%라고 볼 수 있다.

상호금융(농·축·수협, 신협, 새마을금고 등)의 예금과 적금은 조합
원 가입을 통해 예전에는 이자에 대해 1.4%의 세율만 적용받을 수

도 있었지만 혜택이 점점 줄어들어 2020년에는 9.5%의 세율을 적용
받는다. 이 혜택도 2021년에는 완전히 사라져서 일반 은행과 동일한
15.4%의 세율을 적용받게 된다.

채권 투자의 세금

채권 투자에서의 세금은 예·적금의 세금과 동일하게 생각하면 된
다. 개인 투자자의 경우 채권의 이자 지급에 대해 15.4%(소득세 14% +
지방소득세 1.4%)를 적용받는다. 채권 가격이 상승해 차익이 생기는
부분에 대해서는 과세가 없다.

개인 투자자가 아닌 법인의 경우는 이자에 대한 세금은 15.4%로
개인 투자자와 동일하고 자본차익의 경우 법인이 얻는 경제적 이익
은 전부 과세한다는 포괄주의에 따라 매매 시점에 법인세로 원천징
수된다.

국내 주식

국내 주식을 거래할 때의 세금은 별로 의식하지 않아도 될 만
큼 작다. 주식을 매도하는 시점에만 증권거래세가 적용된다. 본래
0.3%의 세율이 적용되었는데, 23년 만에 증권거래세가 더 낮아졌다.
2019년 5월 30일부터는 0.25%의 거래세가 적용되고 있다. 주식을 보
유하면서 받는 배당금에 대해서는 15.4%의 세율이 적용된다. 배당

표 4-22 국내 주식 증권거래세

	변경 전	변경 후
코스피	0.30% (농어촌 특별세 0.15% 포함)	0.25% (농어촌 특별세 0.15% 포함)
코스닥	0.30%	0.25%
코넥스	0.30%	0.10%
한국 장외 주식시장	0.30%	0.25%

주: 2019년 5월 30일부터 적용
자료: 한국거래소

금에 적용되는 세율은 예·적금이나 채권 투자에서의 이자에 적용되는 것과 동일한 세율이다.

주식을 대량으로 보유해 대주주에 해당하는 경우에는 좀 더 복잡해진다. 주식을 팔아서 차익을 남겼을 때 3억 이하는 22%(양도세 20%+지방세 2%), 3억 초과는 27.5%(양도세 25% + 지방세 2.5%)의 양도 세율이 적용된다. 표 4-23에서 알 수 있듯이 대주주의 요건도 점차 낮아지고 있다.

표 4-23 대주주 판단 기준

상장 구분	판단 기준	2018년 4월~	2020년 4월~	2021년 4월~
코스피	지분율	1% 이상	1% 이상	1% 이상
	시가총액	15억 원 이상	10억 원 이상	3억 원 이상
코스닥	지분율	2% 이상	2% 이상	2% 이상
	시가총액	15억 원 이상	10억 원 이상	3억 원 이상

주: 직전 사업연도 말 기준으로 판단. 지분율과 시가총액 요건 중 하나라도 충족하면 대주주
자료: 한국거래소

해외 주식

해외 주식 투자에서의 세금은 바로 다음에서 설명할 해외 상장 ETF 투자에서의 세금과 차이가 없다. 다음의 국내 상장 ETF와 해외 상장 ETF에 대한 세금 비교를 통해 각각의 장점과 단점을 알고 있는 것이 좋을 것이다.

국내 상장 ETF vs. 해외 상장 ETF

국내에 상장된 ETF와 해외에 상장된 ETF를 세금 측면에서 비교하면 해외에 상장된 ETF가 유리한 측면들이 있다. 국내 '주식형' ETF는 매매차익에 세금이 부과되지 않는다. 하지만 국내에 상장된 ETF 중 주식형이 아닌 채권, 파생, 원자재, 그리고 해외 자산을 추종하는 국내 상장 ETF는 분배금*은 물론 매매차익에 대해서도 15.4%의 배당소득세율을 적용받게 된다.

해외에 상장된 ETF의 경우 분배금에 대해 15.4%의 배당소득세율이 적용된다. 매매차익의 경우 250만 원까지는 세금이 없고 매매차익에서 250만 원을 초과하는 부분에 대해서는 22%의 양도소득세가 적용된다. 가령 해외에 상장된 ETF에 투자해서 중간에 20만 원의 분배금을 받고 매도해 300만 원의 매매차익을 냈다고 하자. 세금을 감안하지 않은 경우 20만 원과 300만 원의 합인 320만 원을 번 것이지만 세금을 감안하면 다음 ①과 ②를 제외하고 305만 9,200원을 번

---

* 분배금: ETF가 담고 있는 주식의 배당금이나 채권의 이자 등 기타수익

것이 된다.

① 분배금에 대한 세금: 20만 원의 15.4% = 3만 800원

② 250만 원 초과분에 대한 양도소득세: (300만 원 - 250만 원) ×
22% = 11만 원

해외 상장 ETF는 연간 손익을 통산하는 것도 가능하다. 가령 A라
는 ETF에 투자해 500만 원을 이익을 보고 B라는 ETF에서 200만 원
의 손실을 봤다면 순이익 300만 원이 양도소득세 과세 대상이 된다.
이 경우에도 250만 원까지는 기본공제 대상이기 때문에 300만 원에
서 250만 원은 제하고 50만 원에 대해 22%의 양도소득세율이 적용
된다.

끝으로 금융소득종합과세에 대해 얘기해보겠다. 금융소득종합과
세는 ETF에만 해당되는 내용은 아니다. 우리나라의 현행 소득세법
은 이자소득과 배당소득(금융소득)의 연간 합계액이 2,000만 원 이하

표 4-24 국내 상장 ETF와 해외 상장 ETF의 세금 비교

구분	국내 상장 ETF		해외 상장 ETF
	주식형 ETF	기타 ETF	
ETF 매도 시	과세 ×	배당소득세 15.4% (원천징수)	양도소득세 22% (250만 원 기본공제)
분배금 수령 시	배당소득세 15.4% (원천징수)		
손익 통산과세	적용 안 됨		적용됨

자료: 한국거래소

인 경우 14%의 단일세율로 분리과세하고 있으며, 2,000만 원을 초과
할 경우 종합소득 과세표준에 합산해 6~42%의 누진세율을 적용하
고 있다(표 4-25 참고).

국내 ETF는 위에서 설명했듯 주식형이 아닌 경우(앞의 표 4-24에서
기타 ETF) ETF의 매매차익에 대해서도 배당소득세가 적용되므로 매
매차익 규모에 따라서는 금융소득종합과세 대상이 될 수 있다. 해외
에 상장된 ETF는 매매차익에 대해 양도소득세 22%로 분리과세가
되므로 금융소득종합과세 대상이 되지 않는다. 해외에 상장된 ETF
의 경우도 분배금은 배당소득세가 적용되기 때문에 금액이 커지는
경우 금융소득종합과세의 대상이 될 수 있다.

따라서 거래규모가 커지는 경우 금융소득종합과세 대상에 해당
되는지 따져보는 것이 좋다. 주식형 ETF가 아니라면 양도차익에 대
해서까지 배당소득세가 적용되는 국내 ETF보다는 분배금에 대해서

표 4-25 종합소득세율

과세표준	세율
1,200만 원 이하	6%
1,200만 원 초과 4,600만 원 이하	15%
4,600만 원 초과 8,800만 원 이하	24%
8,800만 원 초과 1억 5,000만 원 이하	35%
1억 5,000만 원 초과 3억 원 이하	38%
3억 원 초과 5억 원 이하	40%
5억 원 초과	42%

자료: 국세청

만 배당소득세가 적용되는 해외 상장 ETF가 금융소득종합과세 대상에서 배제될 가능성이 높다.

현재는 금융소득종합과세 기준이 2,000만 원의 금융소득이지만 이 기준이 향후 낮아질 가능성이 있다. 실제로 2019년에는 기준을 1,000만 원으로 낮추는 방안이 추진되기도 했었다.

국내 상장 ETF와 해외 상장 ETF를 비교하면서 해외 상장 ETF의 장점만 부각된 측면이 있는 것 같다. 세금만을 따지는 경우 해외 상장 ETF가 유리한 측면이 있는 것은 사실이다. 하지만 해외 상장 ETF가 장점만 있는 것이 아니며, 거래 시간이나 환전 측면에서의 불편함이 있다는 점은 함께 고려해야 한다. 국내 상장 ETF와 해외 상장 ETF를 선호하는 층이 각각 다 존재한다.

채권의 관점으로 본 월급의 가치

여러분이 직장인이라면 월급의 가치를 잘 따져봤으면 한다. 매달 받는 몇백만 원은 꽤나 큰 가치가 있다. 표 4-26을 살펴보자. 가장 왼쪽 열이 연봉, 두 번째 열은 해당 연봉을 받는 직장인이 실제로 매달 받게 되는 월급이다. 국민연금, 건강보험, 소득세 등이

표 4-26 연봉과 실수령액, 채권으로 가치를 환산

연봉	실수령 월급	국민연금	건강보험	장기요양	고용보험	소득세	지방소득세	30년 국고채 환산
1,000만 원	771,033	32,990	22,870	1,680	4,760	0	0	5.5억 원
1,500만 원	1,148,580	51,750	35,880	2,640	7,470	3,350	330	8.1억 원
2,000만 원	1,520,566	70,490	48,870	3,600	10,180	11,790	1,170	10.8억 원
2,500만 원	1,890,463	89,240	61,870	4,560	12,890	22,100	2,210	13.4억 원
3,000만 원	2,248,340	108,000	74,880	5,520	15,600	43,330	4,330	15.9억 원
3,500만 원	2,580,346	126,740	87,870	6,480	18,300	88,120	8,810	18.3억 원
4,000만 원	2,917,143	145,490	100,870	7,440	21,010	128,530	12,850	20.7억 원
4,500만 원	3,239,250	164,250	113,880	8,400	23,720	182,280	18,220	23.0억 원
5,000만 원	3,552,316	182,990	126,870	9,360	26,430	244,280	24,420	25.2억 원
5,500만 원	3,869,273	201,740	139,870	10,320	29,140	302,720	30,270	27.4억 원
6,000만 원	4,183,470	220,500	152,880	11,280	31,850	363,660	36,360	29.7억 원
6,500만 원	4,500,476	239,240	165,870	12,240	34,550	422,090	42,200	31.9억 원
7,000만 원	4,785,823	247,990	178,870	13,200	37,260	509,270	50,920	33.9억 원
7,500만 원	5,036,270	276,750	191,880	14,160	39,970	628,160	62,810	35.7억 원
8,000만 원	5,313,816	295,490	204,870	15,110	42,680	722,460	72,240	37.7억 원
8,500만 원	5,591,343	314,240	217,870	16,070	45,390	816,750	81,670	39.7억 원
9,000만 원	5,868,840	333,000	230,880	17,030	48,100	911,050	91,100	41.6억 원
9,500만 원	6,146,386	351,740	243,870	17,990	50,800	1,005,350	100,530	43.6억 원
10,000만 원	6,423,903	370,490	256,870	18,950	53,510	1,099,650	109,960	45.6억 원

빠지고 남은 금액이다.

만일 투자에 사용할 수 있는 목돈이 주어진다고 가정할 때 매달 월급만큼을 받기 위해 얼마가 필요할까? 위의 표에서 중간 정도에 해당하는 연봉인 5,000만 원을 기준으로 보면 실수령 월급은 355만 원이다. 월급을 채권의 이자 개념으로 따져보자. 몇 살까지 몇 년을 일할지, 채권의 표면 금리는 몇 %인지, 또는 채권의 종류에 따라서 해당 월급을 받기 위해 필요한 투자 원금이 달라질 것이다. 일을 하는 기간은 30년으로, 투자하는 채권의 안정성을 고려해 30년물 국고채로 설명하는 것이 좋을 것이다. 2019년 발행된 국고채 30년물인 국고02000-4903(19-2)은 표면 금리가 2%이다.

이 채권에 얼마를 투자해야 연봉 5,000만 원에 해당하는 월급인 355만 원을 받을 수 있을까? 일년간 받는 월급과 국고채 30년물에 투자했을 때의 연간 이자가 일치*되는 투자금액을 찾는 방법으로 계산해보자.

실수령 월급(여기서는 355만 원) × 12 = 30년 국고채 투자금액 × 2% × (1-15.4/100)

위의 공식을 통해 실수령 월급 355만 원을 받는 것이 30년 국고채에 얼마를 투자하는 것과 동일한지 구할 수 있다(채권의 이자에 대한 세금 15.4%까지 고려한 것이다). 계산해보면 25억 2,000만 원으로 계산된다. 표의 가장 오른쪽 열에서 보이듯이 (연봉 1,000만 원에 해당하는) 매달 77만 원씩 30년을 받기 위해서는 투자금 5억 5,000만 원, (연봉 1억 원에 해당하는) 매달 642만 원을 받기 위해서는 45억 6,000만 원이라는 투자금이 필요한 것이다.

2020년 발행된 30년물 국채**는 표면 금리가 1.5%로 좀 더 낮아졌다. 금리가 낮아지면 동일한 이자를 받기 위해 더 많은 투자금이 필요해진다. 따라서 저금리 상황이 심화될수록 월급의 가치는 더 커지는 것이다. 직장인의 월급은 채권에서의 이자와 달리 연차가 높아질수록 줄어들기보다는 유지되거나 증가한다. 우리의 월급은 이토록 소중하다.

---

* 월급은 매월 지급되지만 30년물 국고채에 투자하면 표면 금리의 절반에 해당되는 금액의 이자가 1년에 두 번 나온다. 이자 지급기가 매월이든 3개월 또는 6개월이든 연간으로 받게 되는 총이자는 표면 금리만큼이다.
** 국고01500-5003(20-2)

부록

5개의 사이트를 활용한 금융, 경제지표 활용팁

Investing.com, 단 하나의 필수 앱을 꼽자면 ──────────

금융상품 시세, 경제지표, 뉴스 등 하나의 앱을 통해 쉽게 살펴볼 수 있다. 필자가 2013년에 발견해 지인들에게 추천하던 사이트가 이후 스마트폰 앱으로도 출시되고 지금은 금융권의 많은 사람이 이 앱을 설치해 이용하고 있다. 웹사이트(investing.com)에 접속해 이용할 수 있고 스마트폰 앱도 아이폰과 안드로이드용 앱이 모두 존재한다.

페이지의 구성은 캡처 화면 하단에 보이는 것처럼 시장/뉴스/캘린더/포트폴리오로 되어 있다. 각각의 화면에서 조회할 수 있는 항목들은 다음과 같다.

① 시장: 지수, 지수선물, 주식, 원자재, 외환, 암호화폐, ETF, 펀드
② 뉴스: 인기 있는 뉴스나 각 자산군별 뉴스
③ 캘린더: 국가별·중요도별 경제지표
④ 포트폴리오: 관심 있는 종목, 환율, 금리, ETF 등을 등록해서 한 번에 확인할 수 있다.
(한국의 코스피·코스닥 종목도 검색해 등록할 수 있다.)

이 서비스의 장점은 여러 가지가 있다. '포트폴리오' 탭에는 사용자가 관심에 따라 주가지수, 개별 주식, 채권, 환율 등을 등록해 언제든 쉽게 조회할 수 있다. 번거롭게 매번 로그인을 할 필요가 없으며 조회하는 속도가 빠르다. 또 국내 증권사의 HTS/MTS는 해외 주식이나 ETF 호가를 실시간이 아닌 15분가량 지연된 호가를 제공하는

경우가 많은데, 이 앱을 통해서는 실시간 호가를 볼 수 있다. 과거에는 영문으로만 제공되었으나 지금은 스마트폰 언어 설정이 한국어로 되어 있다면 한국어로 이용할 수 있다. 유료로 이용하면 추가적인 서비스도 제공되지만 대부분의 기능은 무료이다. 해외 투자에 관심 있는 독자라면 이용해보길 권한다.

Investing.com의 스마트폰 앱 화면

Finviz, 금융시장을 한눈에 보자

Financial(금융)과 Visualizations(시각화)라는 단어를 합쳐놓은 'Finviz'(핀비즈)는 사이트 이름이 의미하는 것처럼 시각적으로 금융시장 움직임을 한눈에 볼 수 있게 구성되어 있다. 사이트(www.Finviz.com)에 접속하면 첫 화면부터 각종 지수와 종목들의 성과가 나타난다. 이 사이트가 제공하는 기능 중 특히 필자가 추천하고 싶은 것은 ETF들을 한눈에 살펴볼 수 있는 ETF 맵이다.

웹사이트 상단 메뉴의 'Maps'를 클릭한 후 다시 왼쪽 메뉴에서 'Exchange Traded Funds'를 선택하면 다음과 같은 네모들로 구성된

Finviz의 ETF 맵의 일부분

화면을 볼 수 있다. 지역별, 섹터별, 기초 자산별로 ETF들이 구분되어 표시된다. 각각의 네모 크기는 3개월 평균 시가총액을 의미하며, 네모 박스들 위에는 종목을 구분하는 티커(ticker)와 수익률이 표시된다. 표시되는 수익률의 기간은 왼쪽 '1Day Performance'(1일 성과)라는 부분을 눌러서 1Week(1주일), 1Month(1개월), 3Months(3개월), 6Months(6개월), 1Year(1년), Year To Date(연초부터 현재까지)로 설정을 바꿀 수 있다.

티커가 익숙하지 않고 어떤 ETF인지 궁금하다면 etf.com과 같은 ETF 정보 사이트를 통해 해당 ETF에 대한 정보를 살필 수 있다. 예를 들어 LQD라는 티커를 가진 ETF에 대해 궁금하다면 etf.com에서 LQD로 검색하거나 웹브라우저 주소창에 직접 'etf.com/LQD'와 같은 방식으로 입력하면 된다.

Tradingview, 유연한 차트 도구와 훌륭한 스크리너 ─────

주가 차트를 자주 활용하거나 종목을 탐색할 때 Tradingview가 유용하다. 이 역시 대부분의 기능을 무료로 이용할 수 있다. 인터넷 브라우저에 Tradingview.com을 입력해서 사이트에 접속해보자. 영문으로 된 화면이 띄워진다. 검색창 왼쪽의 EN이라는 부분을 클릭해 언어 설정을 한국어로 변경할 수 있다.

차트 도구

Tradingview는 다양한 유용한 도구를 제공하는데 우선 소개하고 싶은 것은 차트 도구이다. 검색창 아래쪽에 '차트'라는 부분을 클릭하면 차트 도구가 뜬다. 차트 도구는 상당히 유연하게 동작한다. 마우스로 이곳저곳을 클릭해서 차트를 다뤄보면 사용 방법을 익힐 수 있다.

하나의 사용 예로 아래의 캡처 화면은 애플의 주가와 나스닥 지수, 그리고 S&P500 지수를 함께 나타낸 것이다. 이처럼 여러 종목이나 지수를 한 화면에 띄워 비교하거나, 기업의 대차대조표 항목이나 각종 비율(아래 캡처 화면에 있듯이 예를 들면 Price Earnings Ratio)을 띄우거나, 기술적 지표를 추가할 수 있다. 차트를 그림 파일로 저장하

Tradingview 차트 도구 화면

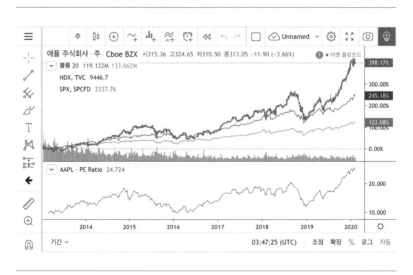

는 것도 간단하다. 차트 오른쪽 위에 위치한 사진기 모양을 클릭해서 'Save Image'를 눌러서 저장하면 된다.

스크리너

Tradingview의 첫 화면에서 '스크리너'를 클릭하면 개별 종목들을 검색할 수 있다. 스크리닝을 한다는 의미는 일정 조건에 부합하는 종목을 찾는다는 것이다. 한글로 설정되어 있다면 스탁 스크리너/포렉스 스크리너/크립토 스크리너 셋 중에 선택할 수가 있다. 주식 종목을 스크리닝하고자 한다면 '스탁 스크리너'를 선택한다. 종목 리스트의 위쪽에 위치한 동그란 모양의 국기를 클릭해 국가를 선택하여 해당 국가의 종목들을 볼 수 있는데 한국, 미국, 일본, 중국, 홍콩, 베트남 등 50개국 이상의 증시를 지원한다. 한국으로 설정했다면 코스피, 코스닥, 코넥스 종목들을 살펴볼 수 있다.

여기서 찾고자 하는 조건들을 이용해 종목을 찾아보자. 주당 배당금, 주간 또는 월간 수익률, 시가총액 상위종목 이런 부분들은 첫 번째 행을 클릭하는 것으로 정렬해서 리스트를 만들 수 있다.

여러 가지 조건을 넣어서 해당하는 종목을 찾고 싶다면 가장 오른쪽에 위치한 '필터'를 눌러서 설정하면 된다. 거래량, 주당 수익, 시가총액, 52주 신저가 및 신고가 또는 기술적 지표들을 기준으로 종목을 뽑아낼 수 있다.

스탁 스크리너

티커 2077 매치 3 항목	현재가	변화 %	체인지	레이팅	볼륨	시가총액	P/E	주당 수익 (TTM)
005930 ^지 삼성전자	59200	4.96%	2800	∧ 바이	231.736M	402126B	–	3165.27
000660 ^지 SK하이닉스	103000	10.16%	9500	∧ 바이	39.624M	70452.1B	35.16	2958.10
005380 ^지 현대자동차	128000	2.40%	3000	∧ 바이	14.259M	33667.7B	–	11293.03
207940 ^지 삼성바이오로직스	486500	0.41%	2000	∧ 바이	2.389M	32189.3B	–	3066.64
051910 ^지 LG화학	407000	20.59%	69500	∧ 바이	8.284M	31181.2B	107.15	4089.31
035420 ^지 NAVER	189500	5.57%	10000	∧ 바이	7.573M	27562.3B	–	2676.06
051900 ^지 LG생활건강	1364000	8.43%	106000	∧ 바이	669.988K	22855.3B	–	46056.30
068270 ^지 셀트리온	177000	7.27%	12000	∨ 셀	9.719M	22506.6B	–	2226.37
006400 ^지 삼성SDI	336500	21.92%	60500	∧ 바이	8.76M	22502.6B	63.97	5369.45
012330 ^지 현대모비스	228500	-0.44%	-1000	∨ 셀	3.433M	21350.4B	9.53	24233.30

Stockcharts, 단순하고 응용이 용이

금융 데이터를 가공해서 볼 때는 Stockcharts.com이 유용하다. 무료로 이용할 수 있고 회원 가입도 필요가 없다. 인터넷 브라우저에 Stockcharts.com을 입력해서 사이트에 접속해보자. 화면의 위쪽에 구글 검색엔진에서 볼 수 있는 것처럼 검색창이 있다. 조회하고 싶은 항목을 입력해서 차트로 띄울 수 있다. 예를 들어 WTI(서부 텍사스산 원유) 차트를 보고 싶다면 WTI를 입력하면 관련 항목들이 보인다. 그 중에서 원하는 항목인 '$WTIC Light Crude Oil'을 선택하면 서부 텍사스산 원유의 차트를 띄울 수 있다. 이때 앞에 적혀 있는 $WTIC는 서부 텍사스산 원유의 심볼(symbol)이다. 자주 사용한다면 기억해두고 직접 검색하는 데 이용할 수 있다.

심볼을 이용해 두 자산가격의 비율 차트를 그리는 법을 소개한다. 2개의 심볼 사이에 콜론(:)을 넣어서 조회하는 방법이다. 만일 iShares의 하이일드 ETF와 iShares 7-10년 구간의 국채 ETF의 가격 비율을 알고 싶다면 각각의 종목을 의미하는 심볼이 HYG와 IEF이므로 HYG:IEF와 같이 입력해 이 두 ETF의 가격비율을 보여주는 차트를 그릴 수 있다. 다음의 캡처 화면은 HYG:IEF를 조회해 몇 가지 차트 속성을 바꿔준 것이다.

Stockcharts.com에서 차트를 조회하면 차트 아래로 세 가지의 설정창이 있다. 설정값을 바꾸어 원하는 형태의 차트로 나타낼 수 있다. 하나의 예로 289쪽 그림에 적용된 설정값을 설명하면 다음과 같다.

① Chart Attributes(차트 속성)

차트 속성에서는 조회할 기간을 설정하고 캔들차트, 선차트 등 차트 형태를 변경할 수 있다. Range(범위)는 Select Start/End로 선택하여 Start(시작 범위)를 2007년 1월 1일 정도로 설정했다. Type은 Solid Line(실선)으로 선택했다.

② Overlays(오버레이)

오버레이 속성에서는 기술적 지표를 차트에 겹쳐서 그릴 수 있다. 이동평균선은 기본적으로 설정되어 있다. 이 부분은 그대로 두었다.

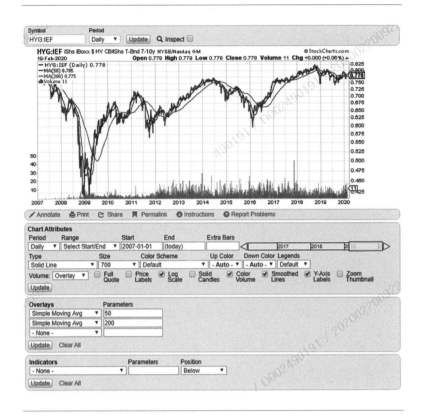

③ Indicators(지표)

지표에서는 차트 위와 아래에 함께 보이는 보조지표를 선택할 수
있다. 여기서는 보조지표를 굳이 띄우지 않았다. 모두 None으로 변
경하여 띄워진 보조지표를 숨겼다.

설정을 마쳤으면 차트를 공유하거나 주소를 남겨두어 추후에
도 동일한 형태로 차트를 조회할 수 있다. 차트 바로 아래에 위치한

'Permalink'를 클릭하고 팝업되는 창에서 'Copy Link'를 클릭해 주소를 복사하면 된다. 참고로 이 페이지에 삽입한 그림의 Permalink는 다음과 같다.

http://schrts.co/PwEspZhp

FRED, 유용한 경제지표 도구

FRED는 미국 세인트루이스 연방은행에서 제공하는 경제 데이터를 조회할 수 있는 사이트이다. 미국의 주요 경제지표는 물론 주요국 경제지표를 장기 시계열로 제공하는 데 조회할 수 있는 항목이 67만 가지나 된다. 웹페이지 내에서 여러 항목을 중복하는 등 차트를 가공할 수 있고 해당 차트를 링크를 통해 공유하는 것도 가능하다.

이용 방법을 설명하기 위한 하나의 예로 미국의 협의 통화(M1)와 광의 통화(M2)를 차트로 그려보겠다.

먼저, FRED사이트(https://fred.stlouisfed.org)에 접속해 검색창에 'M1'을 검색한다. 그러면 'M1'이 포함된 항목들이 조회되는데 설명을 읽어보고 가장 적합한 것을 선택하면 된다. 맨 처음에 뜨는 'M1 Money Stock'을 선택해보자. 그러면 차트가 그려진다. 그려진 차트의 연도 부분을 마우스로 드래그해서 조회하는 범위를 조정할 수도 있다.

이 상태에서 M2를 추가해보겠다. 차트 오른쪽 윗부분에 위치한 'EDIT GRAPH'를 선택하면 나타나는 메뉴에서 'ADD LINE'을 선

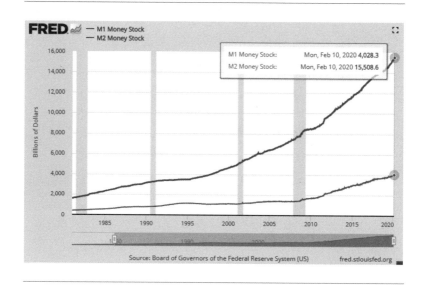

Source: Board of Governors of the Federal Reserve System (US)　　fred.stlouisfed.org

택하면 검색창이 나타난다. 이 검색창에 'M2'를 입력해 'M2 Money Stock'을 선택하고 'Add data series'를 눌러서 이 항목을 차트에 추가한다. 완성된 차트는 위의 그림과 같다.

이처럼 'EDIT GRAPH'의 'ADD LINE'을 통해 둘 이상의 데이터 항목을 추가할 수 있다. 'EDIT GRAPH' 위에 있는 'DOWNLOAD'를 선택해서 데이터를 엑셀 형식으로 받을 수도 있다. 또 그래프의 아래쪽에 있는 'Share Links'를 이용하여 차트를 공유할 수도 있다.

한편 'EDIT GRAPH'의 상단에 위치한 첫 번째 메뉴에서는 조회한 데이터의 단위를 바꾼다거나 데이터를 전년 동기비로 바꾸는 등 여러 가지 데이터 가공이 가능하다. 직접 시도해보고 필요한 기능을 익히는 편이 좋을 것이다.

FRED의 또 다른 큰 장점은 엑셀에서 데이터를 직접 불러오는 Add-in 기능을 이용할 수 있다는 점이다. 다음의 설치 방법을 통해 엑셀 도구를 설치해보자.

FRED Add-In for Microsoft® Excel® 설치 방법

① 다운로드 링크: https://research.stlouisfed.org/fred-addin/
② 왼편의 'Download Now' 버튼을 눌러 파일을 다운로드한 후 받아진 압축 파일을 풀면 'fred.xlam' 파일을 확인할 수 있다. .
③ 마이크로소프트 엑셀을 열어 상단 메뉴에서 '파일', '옵션', '추가 기능' 메뉴를 차례로 선택하고 맨 아래쪽의 'Excel 추가 기능' 옆에 있는 '이동'을 클릭해 설명 ②번에서 확인한 'fred.xlam' 파일을 선택하면 설치가 완료된다.

FRED Add-In 사용법

FRED Add-In을 설치했다면 엑셀의 상단에 FRED라는 메뉴가 새롭게 생성되었을 것이다. 이를 선택하면 엑셀 화면 상단에서 새로운 메뉴를 볼 수 있다. 이 메뉴를 이용해서 원하는 데이터를 검색하고 불러와서 가공하거나 그래프를 그릴 수 있다.

돋보기 모양의 'Data Search'를 클릭해서 원하는 항목을 조회해보자. 가령 미국의 실업률 데이터를 그리기 위해 'unemployment rate'을 검색하면 지역별, 연령대별 등 'unemployment rate'이 포함된 항목들이 모두 조회된다. 여기서 원하는 항목을 선택하고 메뉴를 나온 후 상단 메뉴에서 첫 번째 아이콘인 'Get FRED Data'를 클릭하여 시계열 데이터를 엑셀로 불러올 수 있다. 또한 메뉴의 'Build Graph'를

FRED Add-In 을 이용해 미국의 실업률 차트를 그린 화면

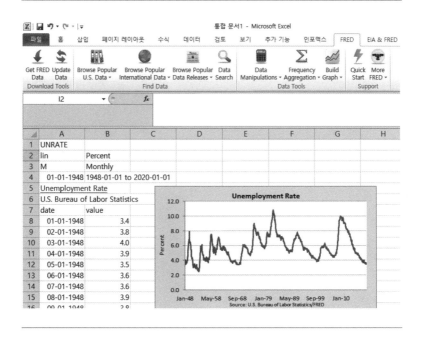

클릭해서 차트를 그릴 수도 있다.

유가나 에너지 수출입 등 미국 에너지 관리청(EIA)의 데이터를 이용하고 싶다면 EIA에서도 FRED의 Add-In과 동일한 형태로 EIA의 데이터 조회 기능까지 포함한 Add-in을 제공한다. 이 경우는 FRED의 Add-In을 중복해서 설치할 필요가 없고 EIA에서 제공하는 Add-In을 설치하면 된다(https://www.eia.gov/opendata/excel).

FRED의 특징과 장점을 소개해보았는데, 단점도 있다. FRED에서 한국의 경제지표를 조회하는 경우 조회되는 항목들이 있지만 최신의 데이터까지는 이용할 수 없거나 원하는 출처의 데이터가 아닌 경우가 꽤 있다. 한국의 데이터는 통계청 홈페이지나 한국은행의 ECOS를 이용하는 것이 편리하다.

제로금리 시대가 온다

1판 1쇄 발행 | 2020년 5월 04일
1판 2쇄 발행 | 2020년 5월 11일

지은이 김지만
펴낸이 김기옥

경제경영팀장 모민원
기획 편집 김광현, 변호이
커뮤니케이션 플래너 박진모
경영지원 고광현, 임민진
제작 김형식

인쇄·제본 민언프린텍

펴낸곳 한스미디어(한즈미디어(주))
주소 121-839 서울특별시 마포구 양화로 11길 13(서교동, 강원빌딩 5층)
전화 02-707-0337 | 팩스 02-707-0198 | 홈페이지 www.hansmedia.com
출판신고번호 제 313-2003-227호 | 신고일자 2003년 6월 25일

ISBN 979-11-6007-484-0 13320